从哈维谈动植物生理

刘枫　主编

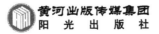

黄河出版传媒集团
阳 光 出 版 社

图书在版编目（CIP）数据

从哈维谈动植物生理 / 刘枫主编 .—— 银川：阳光
出版社，2016.7（2022.05重印）
（站在巨人肩上 / 刘枫主编）
ISBN 978-7-5525-2789-6

Ⅰ.① 从… Ⅱ.① 刘… Ⅲ.① 哈维，W.（1578–
1657）–生平事迹–青少年读物②动物学–生理学–青少
年读物③植物生理学–青少年读物 Ⅳ.① K835.616.15–
49 ② Q4–49 ③ Q945–49

中国版本图书馆 CIP 数据核字 (2016) 第 181475 号

站在巨人肩上　从哈维谈动植物生理　　　　　刘枫　主编

责任编辑　徐文佳
封面设计　瑞知堂文化
责任印制　岳建宁

黄河出版传媒集团　阳光出版社　出版发行

地　　址　宁夏银川市北京东路139号出版大厦（750001）
网　　址　http://www.ygchbs.com
网上书店　http://shop129132959.taobao.com
电子信箱　yangguangchubanshe@163.com
邮购电话　0951-5047283
经　　销　全国新华书店
印刷装订　天津兴湘印务有限公司
印刷委托书号　（宁）0020163

开　　本　710 mm×1000 mm　1/16
印　　张　9.5
字　　数　152千字
版　　次　2016年7月第1版
印　　次　2022年5月第2次印刷
书　　号　ISBN 978-7-5525-2789-6
定　　价　35.80元

前　言

　　哲人培根说过:"读史使人睿智。"是的,历史蕴含着经验与真知。

　　科学的发展是一个漫长的过程,一代又一代的科学家曾为之不懈努力,这里面不仅有着艰辛的探索、曲折的经历和动人的故事,还有成功与失败、欢乐与悲伤,甚至还饱含着血和泪。其中蕴含的人文精神,堪称人类科技文明发展过程中最宝贵的财富。

　　本系列丛书共30本,每本以学科发展状况为主脉,穿插为此学科发展做出重大贡献的一些杰出科学家的动人事迹,旨在从文化角度阐述科学,突出其中的科学内核和人文理念,提升读者的科学素养。

　　为了使本系列丛书有一定的收藏性和视觉效果,书中还汇集了大量的珍贵图片,使昔日世界的重要场景尽呈读者眼前,向广大读者敬献一套图文并茂的科普读本。

　　由于编者水平有限,加之时间仓促,疏误之处在所难免,敬请广大读者批评指正。

编者

目　录

哈维的自我介绍

一切动物都来自于卵。

——威廉·哈维

名句箴言

自我介绍

我是威廉·哈维,1578 年出生于英国南部的福克斯通,是七兄弟中年龄最大的一个。父亲虽说是一个农夫,但他头脑清醒,脚踏实地,想给予孩子们充分的教育。我性格文静,但思想活跃,聪明好学,从小就对生物的活动方式充满了好奇。当我还是一个孩子时,就对从当地屠宰场弄来的动物心脏很感兴趣。

我很早就显示出自己的天赋,16岁便以优异的成绩进入剑桥大学,19岁就获得了文学学士的学位。然后我决定要当一名医生,于是便到意大利的帕多瓦大学学习医学。这所著名的学府是16世纪最伟大的解剖学家维萨里曾经教过书又被赶走的地方。维萨里出生于比利时的布鲁塞尔,1537年任帕多瓦大学教授。他在医学教学工作中,一改以前教授们讲授解剖学课程时从不动手解剖的作风,自己执刀解剖,这不仅给学生以良好的教育,而且获得了许多新的发现。1543年,他发表了著名的《人体的构造》一书,纠正了古罗马解剖学家盖仑学说中的许多错误,于是引起了一场风波,被攻击为对"上帝著作"的"不敬"。维萨里激愤之余,于1544年辞职而去,但最后还是遭到教会的迫害,死于流放途中。虽然如此,维萨里所使用的解剖学方法已在帕多瓦大学深深地扎下了根,因而当时帕多瓦大学既有讲述科学理论的传统,又有重视科学实验的风气。我的老师是有名的解剖学家、科学胚胎学的奠基人法布里修斯。在解剖学上,法布里修斯最重要的贡献是发现了静脉瓣膜。他对静脉瓣膜的研究和他的讲学以及解剖实习,使年轻的我对血液循环产生了兴趣,对我未来的事业产生了深刻的影响。

我是一个沉静的青年,我专心地在帕多瓦大学研究解剖学,整整研读了5年。我又是一个观察敏锐的人。有一次,在一场争吵中,我的朋友被匕首割断了动脉。我注意到血液从朋友的动脉中一阵阵地喷出来,并发现这与血液从静脉中平静地流出来的现象完全不同。丰富的解剖学实践、对静脉瓣膜的了解与兴趣以及这类富有戏剧性的事件,促使我用一种新的眼光来思考血液循环的问题。

1602 年,我获得帕多瓦大学博士学位后不久就回到英国,在伦敦开业行医。我行医很顺利,很快就成了一个杰出而富有的医生,并娶了国王御医的女儿布朗为妻。接着,我很快当选为皇家医学会的会员,被任命为圣·巴塞洛缪医院的医师、内外科医生进修学院的解剖学教授以及英王詹姆士一世的特命医生。这些头衔不是一般医生所能得到的,而这时我还只有 32 岁。

在这种平静快乐的环境中,我并未停止对人体循环系统的研究。在繁忙的医务工作之余,我常为血液运动问题陷入沉思。我想知道,为什么心脏的两个在结构上相似的左右心室,在功能上却有这么大的差异?按照盖仑的学说,它们一个控制血液的流动,一个控制生命灵气的流动。除了肺运动以外为什么右心室

詹姆士

也必须运动？……在这一连串的问题中,最突出的问题就是:心脏每次搏动向全身到底送出多少血液?

我的老师法布里修斯的静脉瓣膜演示实验,启发了我从循环方面来思考问题。实验是这样的:如果用绑带扎住手臂,沿着静脉所经之处就会看见突起的小瘤。这些鼓起的地方正好与解剖的静脉瓣膜的位置相对应。如果挤压这些小瘤,想把血液经过这些小瘤挤回到手掌里去,便可以清楚地看到,正是这些小瓣膜阻止了血液的倒流。

除了动脉瘤的跳动,我在对病人的观察中又注意到了手腕、太阳穴和颈部动脉的搏动等一系列现象,这些都向我暗示好像有一个中心泵在活动。当时,我原先所受的教育使我认为存在着两种区别显著的血液——从肝脏出来的血液和从心脏出来的血液,但我从各方面的观察中却看不出两者有什么大的不同。我把动脉、静脉、心脏的作用和血液的运动联系起来考虑,逐渐形成了一个全新的想法,即血液从心脏到动脉,从动脉到静脉,再从静脉回到心脏,是一个连续的循环运动,但这与传统的盖仑的理论不符。盖仑认为,血液由消化了的食物不断合成出来,肝脏是静脉血的源泉,血液从右心室流到左心室后产生了动脉血和灵气,再通过动脉系统分布到全身直至消失。

我与大多数同时代的人不同,没有把上述结论仅仅停留在假设和逻辑推理上,而是把实验和定量方法应用于医学研究之中。我认真地解剖动物,细致地观察研究,每次都写下详细的记录,常常忙到深夜。

在实验时,我没有采用其他解剖学家的习惯做法,他们往往只解剖死人。我认识到应用冷血动物和垂死哺乳动物的优越性,特别注意选择快死的动物,因为这些动物的心脏跳动越来越慢,间隔较长,便于观察。

我做了许多实验,目的在于求出每次心跳喷出血液的准确数量。我发现即使根据最粗略的计算,也能证明心脏泵出的血液量是如此之多,一小时泵出的血液数量就超过了整个生物体的总重量。根据对人左心室容血量的测量,可算出人的心脏 1 个小时排出的血液差不多有 245 千克,几乎是一个强壮成年人体重的 3

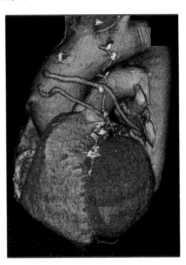

人体心脏

倍。按照盖仑的观点,那么肝脏每小时就要造出相当于人体 3 倍重的血液,每天则要造出相当于人体 72 倍重的血液,这显然是不可能的。我由此得出结论:这么多血液绝非消化过的食物所能供给。所以,除了循环往复以外是没有别的办法可以供给如此多的血液的。然后,我又通过结扎和剖切的放血实验,确定了血液流动的方向,从而得出血液从心脏经过动脉流到静脉,再回到心脏这样一个沿着一定方向循环运行的通道,也就是所谓的体循环。把循环论的思想与血液运动结合起来,是我多年来的大量实验和反复思考的结果。1615年,我根据实验研究,阐明了心脏对血液循环的作用,公开宣讲了血液循环的理论。完整论述这一思想的最重要的著作则是1628年出版的《动物心血管运动的解剖研究》(又称《心血管运动论》)一书。

1628年,我在法兰克福出版了《动物心血管运动的解剖研究》一书,以后又发表了两篇补充论文,对心脏和血液运动进行了详细的描述。这部著作结构紧凑,论证严密,以确凿的实验证据论证了血液循环的途径,并提出了心脏是循环系统的中心。

由于我确立的血液循环学说,推翻了统治达十几个世纪之久的古罗马医学家盖仑提出的血液产生于肝而消失于全身的错误理论,从而为近代生理学奠定了基础。

我的《动物心血管运动的解剖研究》一书是历史上第一次出现的有明确实验证据的生理学著作,对当时的解剖学、生理学以及整个生物学界,甚至广大的知识界都有很大的影响。我尊重事实、重视实验、追求真理,以敏锐的观察和科学的实验取代了一般的猜测,开创了生物学的实验研究方向。当时在生物学领域,定量研究方法用得极少,而推测则用得较为普遍,我把帕多瓦大学的解剖学传统和英国哲学家培根所提倡的科学实验结合起来,扎扎实实地做了一系列设计周密的实验,亲自解剖了 80 多种动物,经过几十年的时间才确立了血液循环的学说。

我的血液循环学说遭到了一股迷信势力的强烈反对,《动物心血管运动的解剖研究》出版后数周就出现了一股反对我的新体系的潮流。批评我的人宣称我肯定是疯了,我的行医业务也因此而大大地清淡衰落下来,但不管怎样,我的学说可以解释许多以前难以解释的现象,如循环理论解释了为什么被毒蛇或患有狂犬病的动物咬伤后,毒素或感染会影响全身。它还可以用于解决一些医学实践中的问题,如药物可以通过静脉注射分布到全身。另外,输血也很快得到了发展。尽管有强烈的反对者,我的学说还是逐渐传播开来,为人们所接受。

要想在科学上有所发现、有所发明、有所创造，就要敢于打破传统、向权威挑战。哥白尼敢于怀疑亚里士多德的理论，怀疑"地心说"，才创立了全新的"日心说"，为人类认识自己开创了一个崭新的世纪。到了 17 世纪初，又有一位敢于向权威提出怀疑的人站了出来，他就是哈维。

出身于英国富裕农民家庭的威廉·哈维 19 岁从英国的剑桥大学毕业，毕业后到意大利留学，5 年后他成为医学博士。在意大利学医时，他就常常去听伽利略讲授的力学和天文学，在听讲过程中他深受伽利略的影响，这时他的求知欲已跨越了学科的界线，不再只是停留在医学领域了。伽利略注重实验的做法，对哈维影响极大，这为他日后研究医学、发现人的血液循环奠定了基础。

人的血液是循环运行的，对于这一点，处于现代社会的青少年，似乎从来未曾怀疑过。然而，在古代，要理解这一点可不容易，有很多科学家、学者为证明人体血液循环付出了生命的代价。

哈维的自我介绍

　　著名学者、哲学家亚里士多德是古代的圣贤,他的言论被誉为仅次于神的权威,不容置疑。然而圣贤也并非完全是对的,亚里士多德对于人的血液循环毫无认识,因而十分错误地提出人体内(血管内)充满着空气。这种错误的说法延续了几百年,直到1800年前,亚里士多德的观点才被一位古罗马的神医——盖仑否定,盖仑指出人血管里流的是血。显然,他的这一观点比亚里士多德前进了一大步。

　　盖仑通过观察认为,血液在人体内像潮水一样流动之后,便消失在人体里。由于他是一位名望极高的神医,于是人们1000年内都把他这种血液理论奉为真理,不许怀疑。

　　然而,社会是不断进步的,科学也在不断发展。到了16世纪,欧洲文艺复兴促进了科学的发展。当时比利时的医生维萨里认为盖仑的理论是错误的。不久,西班牙的医生、宗教的改革者塞尔维特便提出了血液在心肺之间进行小循环的看法。维萨里和塞尔维特是巴黎大学里的同学,他们相继向权威盖仑进行挑战,但是他们都付出了昂贵的代价。维萨里被宗教裁判所判处死刑。塞尔维特由于出版了《基督教的复兴》一书,触犯了西班牙教会,有人扬言要处死他,他便逃往日内瓦。然而他并没有逃过劫难,他被人出卖,1553年10月,塞尔维特在日内瓦被当作"异教徒"活活烧死。这两位医生为了研究人的血液循环,为了坚持真理,向权威挑战,献出了宝贵的生命。

历史的长河奔流不息,科学探索永无止境。50年过去了,已经成长为医生的哈维重新扬起了科学探索的旗帜,他决心弄清人体血液的奥秘,并且认为如能了解人体血液的奥秘,对于治病救人必将有新的贡献。他选择血液作为专题,进行了长期的秘密研究。

哈维是伟大的医生、生理学家、胚胎学家,他一生中写过大量的科学论著,但是只发表了《动物心血管运动的解剖研究》和《论动物的生殖》两书以及几封为《动物心血管运动的解剖研究》辩护的公开信。哈维于1628年发表了划时代著作《动物心血管运动的解剖研究》(中译名称以《心血管运动论》驰名),此书的出版标志着近代生理学的诞生,同时也奠定了哈维在科学发展史上的重要地位。哈维晚年时,他在伦敦的寓所遭到抢劫,后来这处寓所又被大火焚烧,因而哈维留下的手稿仅有两部,一部是论述感觉的,一部是论述动物运动的。在《动物心血管运动的解剖研究》中,哈维提供了大量的证据,其中包括人的临床观察、尸体解剖、许多种类动物的解剖与观察,而且利用定量思想、逻辑分析和生理测试,从各个方面证明心脏是一个可以泵出血液的肌肉实体,血液以循环的方式在血管系统中不断流动。

哈维认识到前人的研究是值得借鉴的,他首先系统地分析了前人的研究:公元前 3 世纪古希腊的医生、解剖学的创始人赫罗非拉斯最早把静脉与动脉区分开来;公元 2 世纪,盖仑提出了血液流动的理论;15 世纪,著名画家、医生达·芬奇通过解剖,发现并提出了心脏有四个腔的理论,15 世纪还有维萨里与塞尔维特研究的成果。前人的研究成果开拓了哈维的视野和思维,他是一个善于思索的人,他并不迷信权威的理论,他敢于怀疑权威的理论,他喜欢"打破砂锅纹(问)到底",他问自己:"血液真的流到人体四周就消失了吗?那么它们是怎么消失的呢?"

哈维决定通过实验去揭开人体血液循环的神秘面纱。他做了一系列的实验。他认为动物的血液与人有着相似之处,因此他首先在动物身上进行实验。据他的笔记记载,他一生共解剖过动物 40 多种,其中包括许多大动物。通过解剖,他发现心脏像一个水泵,把血液压出来,血液便流向全身。

兔子和蛇是哈维的主要实验对象,他把兔子和蛇解剖开之后，找出还在跳动的动脉血管，然后用镊子把它们夹住，观察血管的变化，他发现血管通往心脏的一头很快鼓起来，而另一端就马上扁下去了，这说明血是从心脏里向外流出来的，由此证明动脉里的血压在升高。他又用同样的方法，找出了大的静脉血管，用镊子夹住，其结果正好与动脉血管相反，靠近心脏的那一段血管扁了下去，而远离心脏的另一端鼓了起来，这说明静脉血管中的血是流向心脏的。

哈维在不同的动物身上进行解剖，发现了同样的结果，他终于得出了这样一个结论：血液由心脏这个"泵"压出来，通过动脉血管流出来，流向身体各处，然后，再从静脉血管中流回去，回到心脏，这样就是一次完整的血液循环。他根据这一发现写成了《动物心血管运动的解剖研究》一书，并正式提出了关于血液循环的理论。为了使读者对他的理论信服，他在书中说："推理和实验都表明血液是由于心室的跳动而穿过肺脏和心脏的，由心脏送出分布全身，流到动脉和肌肉的细孔，然后通过静脉由外围各方流向中心，由较小的静脉流向较大的静脉，最后流入右心室……因此，有绝对的必要做出这样的结论：动物的血液是被压入循环而且是不断流动着的；这是心脏跳动起来完成的动作和机能，也是心脏的动作和唯一结果。"

为了进一步让人们接受他的观点，证明人的血液循环也与动物是一样的，他还在人身上进行了反复的实验。他请了一些比较瘦的人（这些人容易在身上找到血管）来帮忙。他把那些人手臂上的大静脉血管用绷带扎紧，结果发现靠近心脏的一段血管扁了下去，而另一端鼓了起来。他又扎住了动脉血管，发现远离心脏的那一端动脉不再跳动，而另一端很快鼓了起来，这证明人的血液循环与动物的血液循环是完全一样的。他在书上告诫人们："无论是教解剖学或学解剖学的，都应当以实验为依据，而不应当以书籍为依据；都应当以自然为老师，而不应当以哲学为老师。"

哈维是一位伟大的科学家，他在医学研究上取得了巨大的成功，他轰动一时的理论打破了传统权威的束缚，开创了一个新的局面，所以《动物心血管运动的解剖研究》出版之后，便遭到当时学术界、医学界、宗教界的权威人士的攻击，这些权威人士说他的著作是一派胡言，是荒谬而不可信的。幸好，哈维当时是英国国王查理一世的御医，受到国王的宠幸，这才使他没有像前辈维萨里和塞尔维特那样付出生命的代价。

哈维于 1657 年逝世，在他逝世以后的第四年，伽利略发明的望远镜被意大利马尔比基教授改制为显微镜，用这种显微镜人们可以观察到毛细血管的存在，这才真正证实了哈维理论的正确性。哈维的血液循环理论的被确认，标志着当时的科技在医学领域中的显著成就。

哈维的贡献是巨大而影响深远的，他的工作标志着新的生命科学的开始，是发端于 16 世纪的科学革命的一个重要组成部分。由于哈维出色的心血系统的研究（以及他的动物生殖的研究），使得他成为与哥白尼、伽利略、牛顿等人齐名的科学革命的巨匠。他的《动物心血管运动的解剖研究》一书也像《天体运行论》《关于托勒密和哥白尼两大体系的对话》《自然哲学之数学原理》等著作一样，成为科学革命时期以及整个科学史上极为重要的文献。

动物理的展
植生学发

名句箴言

天才所要求的最先和最后的东西都是对真理的热爱。

——歌德

动植物的微细结构

在 1609 年，伽利略根据望远镜倒视有放大物体的效应，制成了一台复合显微镜，用这台显微镜，伽利略对昆虫进行了观察。

1665 年，英国物理学家胡克用自制的复合显微镜观察软木薄片，发现这些软木薄片上有许多蜂窝状小空室，他称这些小空室为细胞，细胞这个名词一直沿用至今。胡克还对鱼鳞、蜜蜂螫针、家蚕卵、家蝇的头和足以及跳蚤等进行了精确细致的观察和描绘。

动物与植物的显微解剖工作是由意大利解剖学家马尔皮基开创的。1660 年，马尔皮基通过向蛙肺动脉注水，发现了连接动脉与静脉的毛细血管，证实了哈维未能观察到的由毛细血管连接动、静脉的血液循环。他描述了肝脏的微细结构、舌的乳头突、大脑皮层以及马尔皮基肾小体和皮

物理学家胡克

肤微细结构等。他对家蚕进行了显微解剖，发现家蚕同样具有复杂的微细结构。他关于家蚕的著作是无脊椎动物方面的第一本专著。他对不同的植物进行了比较研究，系统地描述了植物各部分的结构，指出单子叶植物与双子叶植物间的区别以及虫瘿是由昆虫引起等，并且提出植物的各部分是由"小囊"组成的。马尔皮基在植物解剖方面的许多精确绘图没有被当时的植物学家所理解，直到 19 世纪他的研究成果才被重新认识。

植物叶面有气孔最先是由英国植物学家格鲁在显微镜下发现的，这些气孔可使植物体内的水分蒸发并吸入空气。

格鲁发现植物的组织是由多孔的小胞所组成,但他经常描述的只是小胞的壁。他认识到花是植物的生殖器官,可区分为萼、花冠、雌蕊与雄蕊,雌蕊和雄蕊分别相当于雌性器官和雄性器官,植物一般是雌雄同体的。格鲁的著作《植物解剖》由马尔皮基译成拉丁文,流传了100多年后才引起世人的关注,这时有人给《植物解剖》一书做了一些重要补充。

蜻蜓

荷兰显微镜学家列文虎克自制了许多性能优良的显微镜,他制作的显微镜中最高的放大倍数达270倍。列文虎克通过大量细微的观察,解释并完善了马尔皮基提出的关于毛细血管系统的知识,证明动脉与静脉和毛细血管直接相连。他发现人和哺乳类的红细胞是无核的,而鸟类、两栖类、鱼类的红细胞是有核的;他发现了人的精子,并研究了各种动物特别是鱼和蛙的受精作用;他还发现了许多小的水生生物,如轮虫、水螅、纤毛虫等;他还在 19 世纪显微镜改进之前,首先看到并记述了细菌,这在当时是非常难得的。

荷兰显微镜学家斯瓦默丹对不同类型的昆虫发育做了许多研究。他的著作《昆虫志》《蜉蝣的生活》中有许多出色的显微解剖图,如昆虫的神经节、气管系统等。他去世几十年后出版的《自然的圣经》是当时显微镜观察的最好著作,其中对蜜蜂内部器官、蚊子、蜻蜓发育的描述,都非常精确,但由于复合显微镜的色差问题,昆虫研究这方面的工作在其后的 100 多年内没有多大进展。

名句箴言

就连最大的天才，如果单凭他所特有的内在自我去对付一切，他也决不会有多大成就。

——《歌德谈话录》

动植物的分类原理

植物分类经过了一个漫长的历程，16世纪德国神学家和植物学家布龙费尔斯、德国植物学家博克及福克斯等对植物分类都做出了巨大的贡献。他们对植物进行了细致认真的观察和生动逼真的描述，试图编写地方植物志，并在中欧发现了许多植物的新品种。布龙费尔斯描述了260种植物，博克和福克斯描述了 500 多种植物，但他们的描述缺少统一的分类系统，而且不甚关注属以上的较高分类阶元，布龙费尔斯关于属的顺序是随意的，福克斯主要按字母排列，只有博克按植物营养部分的特征及其相互关系，提出了比较符合自然的系统。

《植物十六卷》是意大利植物学家切萨皮诺的著作，切萨皮诺首先在其著作中应用了一致的植物分类法。他借用了亚里士多德通过逻辑区分的向下分类法，为植物的分类提出一个易于鉴定的系统。切萨皮诺植物分类法实际上是两分法，这种方法适合于构想鉴定的关键特征，但它也有缺陷，就是易于导致人为分类。选择区分特征是应用逻辑区分最重要的一步，果实在分类中具有很大的价值。由于切萨皮诺在实际分类时先把植物分成自然类群，然后再寻找适用的关键特征，所以他划分的 32 类植物从整体上看是符合自然分类的。任何事物都不可能是完美的，尽管切萨皮诺的分类系统有明显缺点，但是他的分类法还是对以后 200 年的植物学，包括对瑞典的林奈都有很深远的影响。

在切萨皮诺分类系统的基础上，荷兰植物学家德尔奥贝尔进一步探寻了植物的自然相似性，并把叶的形态作为分类特征。瑞士植物学家博安跟随德尔奥贝尔的科学探索的足迹，按自然相似性对植物进行了从简到繁的排列，同时还考虑了植物的其他特征，有意识地划分了种属之间的区别,还指出了同种异名现象,但他当时并未描述属的特征。博安描述的植物约有 6000 种,他对每种植物的署名后面接以"种加词"。例如要区别两种相似的牧草时他就分别给予这两种相似的牧草共同的署名和不同的"种加词",这种在署名后面接以"种加词"的方法成为最早的双名法。博安研究的主要目的只是想提供一份使用方便的植物目录,因而没有提出更高的分类阶元名称。

图内福尔是法国植物学家,他对植物分类也做出了很大的贡献。图内福尔把分类的重点放在"属"上,他把相似的植物放在一起,署名用单个名词来表示。他划分并描述了 698 个属,这些属后来大多数被林奈采用。图内福尔最先提出属以上的分类阶元,他划分了 22 个纲和 122 个组,但他的划分存在很大的不合理的地方,这些分类并不是在自然的基础实现的,大多是人为的分类。

植物分类不断向前发展,动物分类却进展缓慢。16 世纪有几位生物学家粗略地描述了鸟和鱼的种类,瑞士博物学家格斯纳按字母顺序编排了文献上所有的动物,并在这个基础上编撰了《动物志》。在此之后,英国博物学家雷按照分类原理给植物与动物进行了分类,他比前人更加详细地阐述了种的概念,这种概念在阐述后 150 年内仍被人们采用。他对动物的分类既采用了亚里士多德的传统分类原理,也采用新的以解剖学和生理学知识为基础的分类标准。

他致力于两栖类、爬行类、昆虫的分类,较前人更重视以身体的构造为分类的依据,而较少以颜色、大小、习性等因素为标准,因此他的分类方法,在当时是有一定科学依据的,得到了不少人的认同。

雌蕊和雄蕊也可以作为系统分类的基础,瑞典植物学家林奈根据雌蕊和雄蕊的数目与排列,把植物分成了 24 个纲。1735 年,他出版了《自然系统》一书,在书中他把自然物分为植物、动物、矿物 3 大界;把动、植物分成纲、目、属、种 4 个阶元,他的这种分类首先实现了植物和动物分类范畴的统一,规范了植物和动物的分类。林奈完善和推广了"双名法",对动植物命名时采用由署名和"种加词"组成的双名名称。他最初用单个词代表署名,再用几个不同的词简述种的特征,以后改用两个词命名每种植物,并将此种方法应用到动物身上。他运用拉丁文来给动植物命名,采用大写的名词表示署名,采用小写的形容词表示种名。林奈认为属在分类过程中具有重要的作用,种和属都是从开始就被创造出来的。林奈把属用作分类基础,将向下分类法局限在属的水平,他强调属是"发现"的,而不是"设置"的。林奈在确定属时,首先描述植物的外形,随后再详述其本质,因此,他划分的许多属是科学的,是符合自然分类,但他为了节省时间、出于应用方便而划分的"纲"和"目"则不是那么准确,大多是人为的。林奈是继切萨皮诺之后的动、植物分类知识的集大成者。他对"双名法"的继承、发展和完善,对分类系统及分类方法的建立,使他成为近代植物和动物分类学的奠基人。

自然界是多姿多彩的,它反映了某种自然的和谐,林奈及其先驱将这种和谐归之为造物主的设计,自然生成。这种认为自然和谐的观点导致了人为分类方法的产生,人为分类方法使分类系统因人而异,造成了动植物分类的混乱。从 17 世纪末到 19 世纪,由于向下分类法在实际操作时遇到了很大的困难,逐渐兴起一种与向下分类法截然不同的方法,即向上分类法或综合分类法。向上分类法或综合分类法将各个种归纳为相似的类群,再把相似的类群结合成更高的分类阶元。这种原则上严格的经验方法,标志着一种全面的方法学上的革命。这种方法不仅与向下分类法的方向相反,而且从依靠单一特征转向利用并同时考虑多种特征,增强了分类的科学性。

法国是一个崇尚自由的国度,在科学上有很大的自由,它是欧洲受"本质论"哲学思想影响最少的国家,因而法国首先发展了向上分类法或综合分类法。法国植物学家马尼奥尔在分类时以果实的特征为根据,综合利用植物其他部分的特征,并强调"整体途径"即通过观察归类的重要性。法国博物学家布丰也强调把相似种归类,把相异种分开,并考虑全部特征的分类方法。法国博物学家阿当松首先对逻辑区分的有效性提出了疑问,建议以经验的归纳法取而代之。法国生物学家拉马克也主张用归类而不是逻辑区分进行分类。法国动物学家居维叶发表了关于各种器官的形态结构与功能之间的相关理论,他的这些理论促进了分类阶元多特征概念的发展。这样,对特征的评价是根据其是否有助于形成"自然"类群而定的,而且特征的分类价值也随分类阶元的不同而改变。新种在不断增加,属的变动也较大,分类的重点从林奈的属转到较高的等级——科,科最终成为最稳定的分类阶元,但是,经验分类学家根据"相似性"进行归类,这种归类并无因果性的关系。直到达尔文运用进化论明确指出同一分类阶元内各成员间的相似性来自它们共同的祖先,进化分类学这才有坚实的基础。

精神的浩瀚、想象的活跃、心灵的勤奋：就是天才。

——狄德罗《天才》

名句箴言

胚胎学的足迹

胚胎发育是预先形成的还是从无结构状态分化而成的呢？亚里士多德认为二者皆有可能，但他更倾向于后者，他认为卵是未分化的物质，受精后才开始形成器官。亚里士多德关于胚胎发育的思考是关于胚胎发育的先成论与后成论的最早起源。

哈维是一位伟大的医学家,他对鸡胚、鹿胚发育做了大量的研究,并于1651年出版了《动物的生殖》一书。哈维的

鸡胚发育完全,小鸡破壳而出

工作具有重大的意义,他的研究纠正了许多前人的错误,并使人们逐渐接受亚里士多德的后成论思想。17世纪后叶,马尔皮基通过研究,对鸡胚早期的发育做了详尽的描述,但他认为心脏是一开始就有,并于动物形成40小时后才开始跳动。他还细致地观察过一枚产下两天但未经孵化的鸡蛋,发现在这枚未经孵化的鸡蛋里已能看到鸡胚的外形,他的这些观察为先成论提供了依据。斯瓦默丹研究了蛙卵发育和昆虫变态,发现蛹内有蝶类成虫,蛹又来自幼虫和卵,因此认为在卵内就有微小成体存在,故而他主张胚胎的先成论。法国哲学家马勒布朗什进一步发展胚胎的先成

论,认为胚胎就像一个套一个的盒子套装着所有的人体,这种学说就是著名的"套装学说"。1677年,荷兰的列文虎克用显微镜观测到了精子,哈尔措克也用显微镜看到了含有小人的精子,他们主张精子是一切生命的起源。因而先成论出现了卵原论和精原论两种形式,先成论的这两种形式到18世纪仍占据着统治地位,如瑞士著名解剖生理学家哈勒等就非常坚持先成论,这可能与当时的显微镜学家反对亚里士多德提出的观点有关。

植物的生长点分化发育成植物的叶、茎、根等部分,这一点在18世纪后期由德国胚胎学家沃尔夫证实了,沃尔夫同时证实了鸡血管与肠道也不是一开始就存在的,而是经历了一个过程,根据研究,他主张后成论,反对哈勒的先成论观点,但是由于先成论在当时占据了统治地位,他的工作直到19世纪才逐渐被人们所认同。

19世纪早期,俄国胚胎学家潘德尔通过研究鸡胚发育,证明动物的各种器官都是由原始胚层形成的。随后,俄国胚胎学家贝尔肯定了沃尔夫和潘德尔的观点,并且进一步提出动物胚胎发育过程中出现4个胚层以后再形成各种器官,这个观点被德国生物学家雷马克认可,雷马克还认为动物胚胎发育只有3个胚层,即沿用至今的外胚层、中胚层和内胚层。预成微小个体的先成论观点被贝尔彻底否定了,贝尔还发现了哺乳动物的卵;发现脊椎动物在胚胎发育过程中曾出现过脊索；提出高等动物的胚胎与低等动物并不相似，但高等动物的胚胎与低等动物的胚胎在发育的早期彼此却很相似。由于贝尔在胚胎研究方面做出了突出的贡献，他被奉为近代胚胎学的奠基人。

胚胎是怎样发育的呢？显然，描述与比较方法已不足以这个问题，因而在 19 世纪后期，实验胚胎学逐步兴起。德国生物学家鲁在 1888 年用热针刺死蛙卵的两个分裂球中的一个，剩下那个分裂球发育成半个胚胎，他认为卵子的各部分已预定为

动物的卵

某些器官，是不能改变的，先成论具有强大的实验支持，但这个实验被德国生物学家德里施改写。1891 年德里施发表了关于海胆卵的实验的论文，他将两个细胞时期的卵从分裂面分开，两个分裂球都能发育为完整的幼体。通过实验，

他认为卵子中形成器官的物质可经调整而改变,并假定卵内存在控制卵调整和发育的活力。随着胚胎学的研究进展、卵母细胞发育过程中轴和极性的发现,先成论与后成论在某个高度实现了综合。

名句箴言

我们应该有恒心，尤其要有自信心。必须相信自己是有能力的，而且要不惜任何代价把这种能力发挥出来。

——博宾斯卡

植物生理的研究

雌树在附近没有雄树的情况下不能产生种子，这一点由德国植物学家卡梅拉里乌斯最先观察到。1691 年，卡梅拉里乌斯发现雌性桑树在附近没有雄性桑树的情况下不能产生种子，这在生物史上是一个重大的发现，生物史从此翻开了新的一页。1694 年，卡梅拉里乌斯根据详细观察和移去雄花实验,证明花蕊是植物的雄性器官,子房与花柱是雌性器官。德国植物学家克尔罗伊特于 1761—1766 年认识到昆虫在传粉的过程起到了重要的作用,他用实验证明当用同种花粉与异种花粉同时向一种植物的柱头传粉时,一般只有同种花粉能起受精作用。1793 年,德国的施普伦格尔指出由于许多花是雌雄异株的,雌雄同株的花也很可能是雌雄异熟的,因而植物界存在同种不同花之间或同种不同个体之间的杂交。

19 世纪是植物生理的研究得到大发展的一个世纪,在这个世纪有很多杰出的生物学家涌现出来。1830 年,意大利天文学家、显微镜制造者阿米奇观察到花粉管进入子房并进入胚珠的珠孔。1879 年,德国植物细胞学家施特拉斯布格确定花粉粒中通常有二核结构,他的学生甚至还看到了 3 个核。后来,施特拉斯布格描述了胚囊的发育与精卵之间的结合,但他还不清楚另一精子去向何处,这个精子的去向直到 1898 年才由俄国植物学家纳瓦申发现,纳瓦申观测到了被子植物双受精现象,这样植物受精的全过程才得以揭示。

19 世纪前叶,一些学者将研究的重点放在了隐花植物身上,他们试图从隐花植物中寻找与被子植物相似的两性器官,他们发现藓类的精子器和颈卵器相当于被子植物的雄蕊和子房。1844 年,瑞士植物学家内格利发现蕨类原叶体上也有两性器官的相应结构。1849 年,德国植物学家霍夫迈斯特确定了游动精子与颈卵器内卵细胞的受精,指出藓类和蕨类的生长发育被有性生殖中断,这种情况一直延续下去,成为一种世代交替。1855 年,德国植物学家普林斯海姆在一种平常的藻类中观察到了受精的全过程。

黑尔蒙特所做的著名的柳树桶栽实验是植物营养研究的开端。17 世纪,比利时人黑尔蒙特将一株柳树种在一个桶内,桶内的土是定量的,他只给柳树浇雨水,5 年后柳树长到约 170 磅,但桶内土壤损失极少,甚至可以说几乎没有减少。18 世纪,英国人黑尔斯测量了从根吸收的水和从叶面散失的水,以此确定蒸腾作用,并将这两个因素与土壤湿度相比较,从而查明了从根吸收的水和从叶面散失的水二者的关系,并计算植物茎内水的上升速率,证明植物茎内水的上升速率与叶子蒸腾速率有关。1727 年,黑尔斯提出植物通过叶子吸收空气中的某些成分,并使空气中的某种成分转变为植物体内的固体成分的观点。1771 年,英国化学家普里斯特利根据在一个封闭的容器内不更换空气则燃烧不能持久、动物不能继续存活的实际观察,推测自然界自身有复原空气的方法,他做了这样一个实验,在玻璃罩内放入一支点燃的蜡烛和一株绿色薄荷,结果蜡烛并没有因为空气的"损坏"而熄灭,从而证明可以恢复因蜡烛燃烧而"损坏了"的空气。1779 年,荷兰人英恩豪斯在 3 个月内做了 500

多次植物对空气影响的试验,指出植物只有在阳光下才能通过其绿色部分改善空气,在阴暗处或夜间,植物并起不到恢复空气的作用。1782 年,瑞士牧师塞内比埃进一步证明了植物利用水和二氧化碳可将空气复原。1804 年,日内瓦人索绪尔指出植物产生的有机物总量及释放的氧远超过所消耗的二氧化碳,由此认为光合作用还必须有水的参与,从而确定了光合作用的概念:光合作用是绿色植物以阳光为能源,以二氧化碳和水为原料而形成有机物和氧的过程。1845 年,德国医生迈尔在光合作用中引入能量的概念,指出植物可以把太阳能转变为化学能储存起来,在需要的时候再把这种化学能拿出来使用。

植物的生命活动以水分代谢、矿质营养、光合作用和呼吸作用等基本代谢为基础,表现为种子萌发、生长、运动、开花、结果等生长发育过程。植物的生命活动是相互联系、相互依赖和相互制约的,了解了植物的生理,对于农业生产和人类的长远发展是有着重要意义的。

名句箴言

最大的天才尽管朝朝暮暮躺在青草地上，让微风吹来，眼望着天空，温柔的灵感也始终不光顾他。

——黑格尔《美学》

动物生理的研究

法国生理学家比夏从解剖学、生理学的角度考虑不同结构对有机体功能的重要性，提出有机体由 21 种组织构成，但他的观点并不是很全面，因为他轻视显微镜的观察结果。法国生理学家马让迪继比夏之后也承认"生命力"，在其科学生涯中，他既利用物理学来类比生命活动，又告诫人们不要过分寻求用支配无机界的定律去解释一切生命活动。马让迪肯定英国生物学家贝尔提出的两种神经根具有不同功能的观点,并证明了脊髓神经的前根向外传导运动冲动,而后根则从周缘传递感觉至中枢神经系统,他还研究了毒药和催吐剂,从而开辟了实验药理学的新领域。

血管

马让迪的学生贝尔纳在消化生理、糖代谢、交感神经作用、病理生理学等方面充分利用物理学和化学的技术,开展许多工作。比如,他发现胰液的消化作用,肝脏的糖原合成功能,控制血管舒张和收缩的神经,箭毒、一氧化碳以及其他毒性物质的作用性质等。贝尔纳认为身体是一个整体,身体并不是由各具独立功能的器官所组成,他认为身体各器官的功能彼此相关,身体各器官的功能从属于机体的生理需要,贝尔纳在此基础上提出了生理综合概念。根据这种认识,贝尔纳认为高等动物生命的特点是保持内环境的稳定使其不受外环境的干扰,他写的《实验医学研究导论》一书奠定了现代实验生理学的方法论基础。贝尔纳虽然不是活力论者,但他认为还原论是错误的,同时也否认一切有机过程可以还原为物理化学定律。

《生理学纲要》一书,体现了动物生理学学科的近代精神,这本百科全书式的著作的作者是瑞士生理学家哈勒。哈勒通过实验并应用动力学原理,以解剖学和生理学相结合,研究各种器官及器官系统的形态和功能,特别是对肌肉的"应激性"和神经的"感受性"进行了大量的研究。

弥勒是一位著名的生理学家,他排除一切干扰,开创了德国生理学实验研究的新时代。他发现了"特殊性神经能力律",即刺激神经的反应取决于受刺激的有机物的特性,而不在于刺激的性质。他还设计一些实验,用直流电在蛙腿的离体神经肌肉上测定引起肌肉收缩的条件,这个实验成为电生理研究的最初进展之一。他用简单的实验肯定了贝尔—马让迪定律,并通过切断蛙的神经后根与前根进行实验,发现失去知觉和肢体麻痹有不同的反应。此外,弥勒对颜色感觉的解释、对内耳的阐述、对发声器官结构与功能的阐述也都是近代生理学的重要起点。弥勒的《人体生理学手册》是继哈维的《动物心血管运动的解剖研究》以来的生理学巨著,此著作中不仅包括他的许多研究成果,而且首先在生理学上综合了比较解剖学、化学、物理学的成就。他还培养了一批像施万、亨勒、菲尔肖、海克尔、亥姆霍兹和杜布瓦—雷蒙等著名科学家。

以物理化学定律来阐明生命现象是德国生理学的研究在弥勒之后出现了的一个趋势。1835年，施万进行了肌肉实验，主要是对生理现象进行了物理测量，这是对活力概念的直接挑战。1839年，施万在细胞的学说论述中强调细胞形成过程与无机界晶体形成过程的某种相似性。1847年，路德维希、亥姆霍兹、布吕克、杜布瓦—雷蒙4位德国生理学家聚在一起，表示应在化学物理学基础上建立生理学。这时，用化学、物理学与物理学数学名词来解释生命现象非常流行，然而以物理学为方向的实验并非简单易行，相反，活体解剖或组织学研究要比以物理学为方向的实验容易得多。因而到了19世纪70年代，这四位生理学家的研究发生了一些改变，除杜布瓦—雷蒙继续电生理学研究外，亥姆雷兹已放弃生物物理学与生理学的研究，转而研究物理学，其他两人则主要从事一般生理学的研究。他们的学生继续走着他们的道路，这些学生致力于经典生理学的两个生物物理学领域的研究，即用力学和热力学方法研究肌肉收缩和用电学方法研究神经冲动，他们的反活力论立场以及在生理学研究中提倡用物理、化学技术的实验方法确实为推动实验生理学的发展做出了贡献。

生理化学也得到了发展,李比希、贝尔纳、巴斯德以及沃勒、弗兰克兰等在有机化学方面的工作将生理化学往前推进了一步,这主要是用化学分析方法了解生命过程中各种物质的化学本质和作用。在生理化学方面对蛋白质的研究较早,在19世纪30年代末蛋白质就已定名。19世纪60年代前后,蛋白质已被认为是在生命过程中起重要作用的物质,其组成单

伟大的化学家李比希

位氨基酸到19世纪末已有12种被分离并测定。德国生理化学家霍佩—赛勒及其后的许多学者研究了有机体内起作用的几乎一切物质,从而丰富了生理化学方面的认识。19世纪70年代,霍佩—赛勒主张"生理化学"从"医学生理学"中独立出来,并于1877年创办了第一个"生理化学"期刊。1869年,他的学生、瑞士生理学家米舍尔用胃蛋白酶水解脓

细胞,得到一种不同于蛋白质的含磷物质,他称之为"核素",以后因核素呈酸性故又称为"核酸"。1878 年,屈内把组织器官分泌出的酵素同组织内存在的酵素相区分,称前者为"酶"。1894 年,菲舍尔证实酶的专一性,并用"锁钥原理"解释酶与底物之间的关系。以上许多工作都为生理化学的发展奠定了基础。

名句箴言

有了天才不用，天才一定会衰退的，而且会在慢性的腐朽中归于消灭。

——《克雷洛夫寓言》

「自然发生说」的推翻

生命的起源是个神奇的过程，在生命起源问题上流传时间最长、影响最大的是"自然发生说"。"自然发生说"认为有机体可从无生命物质自发地产生。17世纪，哈维提出一切有机体都来自卵。1668年，意大利宫廷医生佛罗伦萨实验科学院成员雷迪用实验证明腐肉生蛆是蝇类产卵的结果，首先向

"自然发生说"发起了进攻,但他并未正确解释虫瘿与肠道蛔虫的来源,因而人们认为低等动物仍是自然发生的。1674 年,列文虎克用显微镜观察到了微生物,但他并没有对微生物进行进一步的研究,这时微生物可以自然发生的观点反而活跃起来,并于 18—19 世纪达到了顶峰。

1745 年,曾在科学界轰动一时的英国显微镜学家尼达姆用各种浸泡液经过消毒后仍有微生物发生的事实而坚持自然发生说,由于他受到法国博物学家布丰的支持,他的理论得到了不少的赞同。

布丰

1775 年,意大利生理学家斯帕兰扎尼通过一系列实验,证明各种浸泡液之所以经过消毒后仍有微生物发生是由于加热不够和封盖不严所造成,因而认为微生物是从空气带入的。斯帕兰扎尼的观点在当时已接近胜利,因为他指出了问题的根源所在,但他的批评者宣称,由于他使浸泡液在密闭管内煮沸了 45 分钟,杀死了管内空气中的"活力",因而影响了自然发生。就在这时,法国化学家盖·吕萨克通过实验证明发酵和腐烂都需要氧,这就使得反对斯帕兰扎尼的意见得到支持,斯帕兰扎尼在这个回合没有取得胜利。1837年,施万在斯帕兰扎尼实验的基础上加以改进,他在通入事前经过加热或"焙烧"的空气后,将一只青蛙置于这些空气中,以青蛙仍能在其中生活证明加热或"焙烧"并未影响"活力"的存在,然而施万的实验由于存在某些技术问题,结果并不是很稳定。在此之后,一些学者采取措施消除空气中的微生物,但即使这样也不能保证实验的成功。以上这些实验对于自然发生说还是有利的。

1859 年,法国博物学家普歇发表了一篇题为《异源发生论或自然发生论》的论文,并与法国微生物学家巴斯德之间展开自然发生说是对是错的争论。普歇认为在具备有机物、水、空气和适当温度的条件下自然发生能被促进,并设计实验来证明他的观点。巴斯德根据他从事发酵工作的经验,认为"酵素"实际是生命有机体,并确信空气中的微生物也来自酵素。1860—1861 年,巴斯德用火棉及 S 形长颈瓶进行实验,这个实验证明了微生物存活在空气的尘埃中,而且随着地点和海拔的不同,空气中微生物的含量也会有差别。由于高山的空气新鲜,微生物及孢子少,所以在高山上做实验时酵母浸液受污染的机会也少。1863 年,普歇在西

班牙做了同样的试验,但得到的结果却与巴斯

德实验得到的结果截然不同,于是普歇和巴斯德之间发生

了一场论战。1864 年,法国科学院居中调解,安排论战双方

做实验,巴斯德做完上述实验后,普歇未做实验就宣布退出争论。1876 年,自然发生说的支持者巴斯特兰就微生物能否在中性或碱性尿液内自然发生与巴斯德展开激烈的争论。巴斯德又把自己做过无数遍的实

巴斯德

验重新做了一遍,认为这个实验只证明某些低等芽孢在中性或微碱性培养基内能抗 100℃高温。1877 年,巴斯德猜测巴斯特兰的容器可能受到了污染,所以巴斯特兰的实验结果才会与自己的实验结果不同。以后,通过科赫、廷德尔等进行的工作,表明了确实存在着一种高度抗热的细菌内生孢子,有些微生物甚至还能在 100℃酸性培养基内存活,因此尽管在实验前对实验容器预先消过毒,在某些溶液内还是有微生物的存在。到这时,巴斯德才知道在普歇及巴

斯特兰等自然发生说的支持者所用的溶液里,可能因为消毒不力,一开始就有这样的微生物存在,而并非由于在实验过程中操作不慎而导致的。通过这次事件,巴斯德提出外科医生应该更多注意消灭器具或手上的微生物,因为这些微生物的污染是最直接的。1879年,钱伯兰证明,消灭液体内的抗热微生物至少要115℃,而消灭干燥表面的则要180℃。1897年,毕希纳证实无细胞酵母提取液可使糖发酵产生酒精,驳斥了巴斯德关于酵素是生命有机体的观点,但这并不影响巴斯德在否定自然发生说中的重要地位。

生命的发展需要一个过程,它并不是自然发生的,这个观点现在正逐渐地被人们所认同。

名句箴言

任何倏忽的灵感事实上不能代替长期的功夫。

——《罗丹艺术论》

「内稳态理论」的产生

美国医师、生理学家、哲学家和社会活动家亨德森从酸碱平衡的研究中，发现了血液的缓冲作用，他的理论为"内环境稳定理论"的提出提供了科学的依据。

亨德森从学生时代起就对阿伦尼乌斯的电离理论非常感兴趣，并且坚信这个电离理论可以直接应用于生物学研究。大学毕业后,他到德国斯特拉斯堡跟著名胶体化学家霍夫迈斯特学习物理化学。在德国,他不仅受到了良好的科学训练,而且深受德国分析学派思想的影响,他认为一个生物学家必须使用物理化学方法去研究生物体的结构和功能,这样得到的结论才会是完全而准确的。他认为生命现象可以分解成物理化学中的分子、原子和离子,而这些都能用实验证实。

1904 年,亨德森回到哈佛任教,在阿伦尼乌斯电离理论的基础上着手研究酸碱平衡问题。他通过测量水溶液中氢离子的浓度与未解离的酸或盐的总量描述了缓冲系统的作用和特点:向缓冲系统中加入酸或碱,缓冲系统可以通过改变弱酸盐或弱碱盐解离的比率保证溶液中氢离子浓度相对稳定。我们的身体体液中也存在着酸、碱和盐,要想使这些酸、碱和盐保持平衡,人体内必然有缓冲体系。

亨德森着手对血液或组织液的缓冲作用进行研究。血液的组成成分相当复杂,亨德森以研究简单的模拟血液中的缓冲系统为起点,对人造缓冲系统的物理化学特征进行了定量的测试。通过这些简单的实验,亨德森发现血液中并不是只有一个缓冲体系,而是包含着多个缓冲体系,并且真正的生理缓冲系统比人造缓冲系统有效得多,比如说碳酸和碳酸氢钠在试管中只能发挥出中等的缓冲效力,但在血液中的缓冲效力却比在试管中的效力大得多。通过对水溶液和模拟血液的研究,亨德森开始借助这些模拟实验得出的方法和原理对复杂的血液系统进行全面细致的研究。他对最重要的 7 种相互联系的变化成分进行了深入细致的研究,取得了大量的物理化学数据。他巧妙地利用了一种图解格式对 7 组数据进行了分析和处理,终于找到了一种解释和显示他选出的 7 种变化成分相互作用的方式。他通过实验发现血液的总缓冲势并不是各组分缓冲势的简单累加,他的这些发现都记录在《作为物化体系的血液》一书中,为"内稳态理论"的建立提供了依据。

生命的存在是一个奇迹,亨德森根据贝尔纳的内环境思想和自己的实验,阐述了自己对生命现象的独特见解。他认为生命系统是一个整体,内部相互作用的各个因子具有调节生命活动的能力。生理过程是一个物理化学过程,依赖于生命体内的物理和化学条件,但是如果不是全面地研究这个系统的组成部分,而把生命体分裂成个体去进行研究,那么不管如何都不能完整地阐明生命现象的机理。亨德森认为物理化学方法是一种效果显著的分析手段,但如果仅仅依赖物理化学方法对生命体进行研究,将会导致做出过于简化或错误的结论。他还提出了应该研究生命现象的整合作用和协调作用,这与贝尔纳的思想是相同的,亨德森是在美国传播贝尔纳思想的得力干将。1927 年,亨德森把贝尔纳所著的《实验医学研究导论》译成英文,亨德森通过自己的努力极大地推广了贝尔纳的思想。坎农在贝尔纳和亨德森工作的基础上,结合谢灵顿的神经态合理论将内环境理论向前推进了一步,他建立了"内稳态理论"。

坎农是美国 20 世纪贡献最大的生理学家之一,他是一位具有创新思想的科学家,曾在哈佛受过良好的医学生理学训练。通过广泛而深刻的研究,他清楚地意识到休克是机体调节机制衰竭的结果。他认识到人的体温、代谢率、血糖水平、心搏率和呼吸速率的调节等并非全部依靠血液的缓冲作用,更主要是靠神经系统和内分泌系统的相互作用来实现,这是一个异常繁杂的问题。坎农观察到脊椎动物身体上的交感神经系统起着主导作用,交感神经系统实际上控制着身体的其他调节系统。比如在天气变热时,交感神经系统使皮肤表层的毛细血管舒张并刺激汗腺分泌汗液,同时促使肾上腺释放更多的肾上腺素到血液内,以加速身体的代谢过程,这一系列的活动将使体温维持相对恒定。坎农通过对肾上腺髓质机能的深入研究,认识到肾上腺髓质的机能本质上是一种适应机制,一种有助于动物准备好逃跑或应付紧急情况的机制。坎农通过对交感神经系统和内分泌功能的研究,在更大的程度上理解了贝尔纳的内环境理论。1932 年,坎农在《人体的智慧》一书中首次明确提出了"内稳态理论"。

"内稳态"指的是什么呢?"内稳态"实质上就是维持内

环境稳定的自我调节过程。坎农提出"内稳态"不是让生物与环境分离,而是说生命体不断地调节体内的各种生理从而达到平衡的一个过程。这种平衡是一种动态的平衡,不是固定不变的,有时它会随环境的变化而改变,但不管各个组成部分怎样改变,整个系统还是保持稳定。坎农认识到了身体内环境的稳态是神经、内分泌以及血液缓冲作用的结果,但对于生命体到底是如何达到平衡的这一问题并没有进行深入的探讨。坎农确信生命现象不能完全分成物理化学过程,即生命系统各部分的结构及其相互作用与简单的物理化学过程不同,它有着更为深刻的内涵。坎农将生物体视为一个整体,整体中的每一部分都有自己的功能,但要通过各种控制过程对各部分进行整合才能发挥作用,这反映了一个亘古不变的真理:整体大于部分的总和。

生命的平衡

　　坎农的研究是伟大的，亨德森的工作也具有非凡的意义，再加上霍尔丹对呼吸速度调节机理的研究，他们三者的研究成果代表了 20 世纪生理学中最有影响的理论取向。他们改变了一直在生理学中占据统治地位的还原论研究方式。他们坚信生命系统各部分的作用遵循基本的物理化学定律，但又强调生命系统不能单纯用物理化学定律来解释。他们一方面避免了活力论，另一方面又摆脱了还原论的局限。宏观与微观相结合，理论与实验相结合，他们的研究为生理学乃至生物学的发展建立了良好研究方式。他们的这种方式被认为是唯理主义科学观的重要组成部分。他们是整体唯物主义者，他们坚信事物起因的物质性，并且强调整体中各组成部分之间的相互联系。

　　"内稳态理论"是现代生理学建立的标志，也是生理学进一步发展的基础，生理学从此走上了一条高速发展的道路。

名句箴言

我的箴言始终是：无日不动笔；如果我有时让艺术之神瞌睡，也只为要使它醒后更兴奋。

——贝多芬

大发展的神经生理学

贝尔法则的建立

医学家、生物学家以及哲学家向来喜欢将高等动物的神经系统，特别是大脑的活动作为主要的研究对象。在对神经生理学进行探索的过程中，人们进行了许多有趣的观察，积累了大量的知识并提出了不少大胆的设想,贝尔是在神经生理学方面取得伟大成就的第一位科学家。贝尔是 19 世纪的英国著名外科医师和解剖学教授,他以兔子为实验对象,对神经系统进行解剖研究。当时神经生理学还处在初级阶段,人们对神经系统功能的认识只是想象和猜测。贝尔发现每一根脊神经都是由背侧支和腹侧支组成的,当切断背侧支时相关肌肉不运动,而轻微刺激腹侧支就能引起肌肉运动,这种现象引起了贝尔极大兴趣。1811 年,他以小册子形式私下将他这一发现发表了,这个小册子就是《有关脑与神经系统解剖的新观点》。1821 年,他在一篇论文中明确阐释了这种现象。他认为脊神经的背侧支和腹侧支不仅在解剖学上有差异而且功能截然不同:背侧支的功能是感觉,而腹侧支的功能是运动。他的这一伟大发现在英国伦敦没有引起足够的重视,甚至于被人嘲笑。可喜的是 1822 年法国杰出生理学家马让迪通过大胆的活体解剖和明晰的推理进一步阐明了贝尔的发现。贝尔和马让迪为人类做出了杰出贡献,人们将上述现象称为贝尔法则或贝尔-马让迪定律来纪念他们。

贝尔法则是一个全新的法则,它第一次从科学的角度揭示了脊神经的功能特点,为人们探索神经系统的生理机制开辟了道路。因此,贝尔法则的发现和确立被认为是生理学继哈维发现血液循环之后取得的最伟大的成就。当时,贝尔法则在英国并没有被人们广泛接受,马让迪的研究在法国也没有得到更多的重视,但是德国的生理学家如赫尔姆霍茨在贝尔一马让迪定律的基础上对神经的电传导进行了深入研究,从而推进了神经生理学的发展。20世纪上半叶,神经生理学主要向两个方向发展:一是谢灵顿在卡哈尔神经元理论基础上提出反射学说和神经整合理论,另外是巴甫洛夫在谢切诺夫研究的基础上提出条件反射学说和高级神经活动类型学说。

诺贝尔奖分享者

西班牙组织解剖学家卡哈尔改进了意大利细胞学家高尔基提出的银渍法,对各种各样的神经组织做了系统的切片染色观察。根据观察,他明确提出神经系统是由分开的、边界明确的神经细胞组成的,第一次让人真正对神经元理论有所了解并认同。卡哈尔因为这个发现获得了1906年的诺贝尔奖。然而,和他分享诺贝尔奖的高尔基却并不认同他的思想,高尔基顽固地坚持神经网络学说,他们甚至在获奖演说中仍然各抒己见、针锋相对、毫不相让。卡哈尔在临死之前还出版了一部著作,这部著作明确阐述神经元理论。在此之前,在神经生理学领域中不少人认为神经系统是复杂的网状结构,神经细胞位于网的交接处,并由它们伸出的纤维末梢互相融合在一起。卡哈尔的研究促使人们对神经系统的结构有了一个崭新的认识。

谢尔顿的神经理论

英国的谢灵顿试图在贝尔法则的产生和神经元理论的建立的基础上来描述神经冲动的实际传导途径。他把猴子作为实验对象，并对其研究膝跳反射的神经通路。所谓反射就是神经冲动从外周感受器传到脊髓或脑，再由运动神经传到肌肉产生运动的特定的过程。谢灵顿描绘出了脊髓的传入传出系统图，他已经知道脊髓各段上的反射弧是通过脊髓外区的上行和下行神经纤维相互联系的，膝跳反射是传入传出以及中间神经元之间互相合作的结果。谢灵顿还在神经元进行显微解剖研究时对神经元之间的复杂联系进行了探索，他称神经元之间的复杂联系为突触，突触的发现和命名让神经元理论得到了完善。

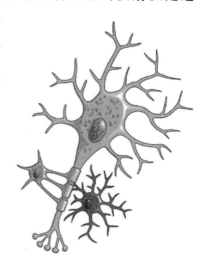

神经细胞示意图

膝跳反射是一种比较简

单的反射通路,在研究了这种比较简单的反射通路之后,谢灵顿开始研究比较复杂的反射系统——狗的抓挠反射。当狗的抓挠反射即轻挠狗的背侧或腹侧不同部位,它的一条后腿便自动地进行抓挠运动,这种运动包括了许多肌肉的动作,反映了中枢神经系统的整合作用。为了证实这一点,谢灵顿设计了一个更加简单的实验。他用微型电刺激器刺激狗背并标记出能引起抓挠反射的区域,这才发现切断来自皮肤的两条传入神经中的一条时,用阈下刺激这个区域将不会产生抓挠反射。如果两条神经都未损伤,分别给予一个阈下刺激便能合起来产生一个阈反应。谢灵顿以他的独立神经通路的聚合最后进入共同通路的思想来解释这一现象。

1906 年,谢灵顿在耶鲁大学做了多次演讲。在这期间他还出版了《神经系统的整合作用》一书,在书中他把生物体及其反应的统一性放在了重要位置。生物体及其反应的统一性是他 1932 年获诺贝尔奖的主要成就。一次世界大战以后,他研究中枢抑制问题,还分析了每个神经细胞的兴奋抑制过程。他基本上搞清了反射抑制的基本作用,并指出"抑制是个协调因子"。他还对人类的受容性反射、姿势保持性反射等进行了有效的研究,并取得了有效的成果。

谢灵顿是一个务实的人,他不仅是一个脚踏实地的科学家,而且是一个科学思想家。他对自己的实验结果以及同时代人的成果进行了很好的概括和总结。他认为动物的行为可以分为三个水平：第一个水平是物理化学水平，包括神经元中神经冲动的物理化学传递；第二个水平是心理水平，在这个水平上许多神经生理学过程被整合起来，创造出一个有知觉能思维的个体；第三个水平是非物质的心灵和物质的身体的相互作用，所有意志行为都反映心灵和身体的协调。

走入神经生物学时代

神经生物学时代是一个全新的时代，这一时代的主要特征是科学家们开始运用物理化学方法和现代化的仪器设备对神经活动的各个方面进行了深入细致的研究。在神经生物学时代，神经传导和感觉与功能定位方面取得了最为可观的成果。

19世纪，人们只是对神经系统的结构和功能有较为全面的认识，但是对于神经传导的机理却知道得不是很多。1902年，德国生理学家贝恩施坦根据细胞内外钠钾离子浓度的差异和他老师杜布瓦·雷蒙关于动作电位的设想，第一次提出了神经电产生和传递的膜假说。他假定神经或肌肉纤维的膜一般是极化的，外边有较多的正离子，内部有较多的负离子，动作电位是膜的去极化过程，损伤电位的产生就是破坏了膜的结果,这一假说在 20 世纪上半叶得到了初步的实验证明。1939 年,霍奇金用微电极测量乌贼大神经轴突内外电位变化时,发现静止时轴突内负于轴突外 60—70毫伏,兴奋时外负于内 40—50 毫伏,这一现象用贝恩施坦假说难以解释,1947 年,霍奇金和卡茨提出了钠离子假说。他们巧妙地运用了"电压钳制"法,成功地记录了电位变化各个阶

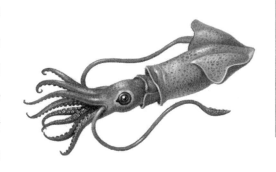

乌贼

段电流和离子流的变化,并绘出了膜通透性改变和整个电位变化两条相关曲线,初步揭示了钠钾离子交换与电位变化的关系。

神经的化学递质研究在当时也是一种颇有争议的研究。1905 年,剑桥大学年轻的生理学家埃利奥特发现用电刺激交感神经所引起的反应与肾上腺素的作用非常类似,于是他大胆地提出这样一种观点,即每当一次神经电脉冲到达时,在其肌肉接点附近的储存外就释放肾上腺素。埃利奥特第一次将神经传导与化学物质联系起来,可惜这种新思想在当时没有引起权威们的重视,也没有得到更大的推广。

在埃利奥特进行研究的 16 年后,维也纳生理学家洛伊进行了系统直观的实验,直接证明心肌上交感和副交感神经末梢释放两种性质相反的化学物质:迷走神经释放的物质使心脏减速甚至停止跳动;交感神经释放的物质使心脏跳动加快。不久戴尔和洛伊直接证明了迷走神经释放的物质是乙酰胆碱。与此同时,美国的坎农和巴克证实了交感神经释放的是去甲肾上腺素。1945 年瑞典化学家欧勒发现去甲肾上腺素贮藏在交感神经末梢的颗粒即突触小体中,并且明确表述了去甲肾上腺素和其他单胺类物质的吸收、贮藏和释放过程。

大量神经化学物质的发现,为人类研究神经生理学奠定了坚实的基础。人类文明的脚步不会停止,有 30 多种神经化学物质在二次世界大战之后被发现,这些物质各自有特殊的兴奋抑制作用,分别集中于特定的神经元组群中。20 世纪 70 年代,人们对脑啡肽研究的兴趣日增。1973 年,美国药理学家珀特在脑内发现了吗啡受体。1975 年,英国的休斯从人、猪、兔等动物的脑中分离提纯出一些具有吗啡样活性物质的多肽,这种多肽被称为内源性吗啡样因子(MLF)。MLF 是在脑中合成的神经递质,它的发现为解释镇痛等提供了基础。20 世纪 50 年代,英国的弗什潘曾在无脊椎动物上发现有些突触是借电流传递信息。20 世纪 70 年代,法国的萨特洛发现在脊椎动物中枢神经系统神经元之间存在着电相互作用。

法国医生布卢卡首次提出了大脑皮层具有功能区这一理论。1861 年，法国医师布卢卡在解剖两名失语症患者的尸体时，发现他们的大脑额叶中央前回底部有损伤，布卢卡认为这是与言语有关的功能区，即

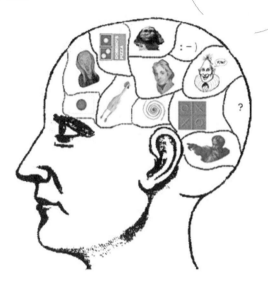

大脑皮层具有功能区

现在所称的"布卢卡三角区"。1874 年，德国学者范尼克通过鉴定证实了左侧大脑另一个区域额上回后部和言语也有关系，后来这个区域被称为"范尼克区"。20 世纪 30 年代，德国神经外科医生福斯特和加拿大蒙特尔神经研究所的潘菲尔德用电刺激方法对人脑进行了功能定位研究。他们刺激各个部位，从引起的脑电反应来确定大脑皮层的功能区。根据实验结果，他们绘制出了皮层上的功能区域图。大脑皮层体感区和运动区是专门化的，体感区集中在中央后回，运动区集中在中央前回，身体的各个功能在大脑皮层都有所反映。20 世纪 40 年代，斯佩里从事大脑两半球

功能比较研究。他用猴子做实验,发现两半球各自相对独立,具有不同的分工。20 世纪 60 年代,斯佩里和加扎尼加一起对患癫痫病的人做了两半球割裂治疗,进一步发现语言功能主要在左侧。当外界视像只进入左半球时可以用语言表达所见到的物质;但只进入右半球时则不能用语言表达却可以用手势表达。

名句箴言

我没有什么特别的才能，不过喜欢寻根刨底地追究问题罢了。

——爱因斯坦

内分泌生理学的诞生

人体是一个复杂的整体，人体的调节由很多系统共同作用来完成，这些系统之中有一个就是内分泌系统，它与神经系统相互合作使机体各部分共同活动，从而成为一个协调的整体。20世纪，内分泌研究取得了许多成就。内分泌生理学和神经生理学一样是现代生理学的重要分支。

1855 年,贝尔纳在研究胰腺的功能时,发现了胰脏的内分泌功能,他在这个研究的基础上提出了内分泌的概念,内分泌概念的提出标志着内分泌学的萌芽。其实早在 18 世纪,法国人利尤特德已经从解剖学上研究了一些无管腺,他的同时代人伯德指出每个腺体或器官会产生一种特殊的物质,这种特殊的物质进入血液后会保持机体功能的相对平衡。1889 年,

豚鼠

72 岁的赛柯德把狗和豚鼠的睾丸提取物注射到自己身体内,感觉到自己的精神明显好转。他努力宣传这种物质具有的神奇作用,他的宣传引起了内分泌研究界的震动,内分泌研究在此之后得到了发展,因此他被人称为"内分泌学之父"。1902 年,斯达林和贝鲁斯发现了促胰液素。他们用实验证明动物体内有些细胞可以制造出一些化学物质,这些化学物质通过血液作用于其他器官。1905 年,他们运用"激素"这个词来表述这类化学物质。几年之后,潘德将激素引入了内分泌学,这标志着内分泌学正式诞生。

内分泌生理学的探索

任何科学的探索都有一个摸索的阶段,内分泌学研究起初只是对个别的内分泌腺和激素进行研究。每一种激素的发现和阐明都有一个不平凡的过程,比如甲状腺的研究就经过了很多人的努力才得以完善。

1850 年,查丁通过研究发现,地方性甲状腺肿与呆小症发生的地区的水土和食物中缺碘。早在 2000 多年前的中医文献中,就有"山居多瘿""海藻治瘿"这样的记录,瘿就是现在所说的地方性甲状腺肿。"海藻治瘿"现在看来也是有科学根据的,因为海藻中含有大量碘。查丁提出地方性甲状腺肿是由于缺碘所引起,并提议在甲状腺肿流行地区的饮水中加碘,可惜他的建议没有得到法兰西科学院甲状腺肿研究专门委员会的承认和社会的重视。1895 年,一种活性很高的物质从甲状腺滤泡内分离。1914 年,结晶的甲状腺球蛋白被分离出来。1926 年,甲状腺球蛋白的化学结构得以确定。1927 年,哈林敦和贝格人工合成了甲状腺素。1951 年,格鲁斯等发现并合成了另一种甲状腺素:三碘甲状腺氨酸。两种甲状腺素以肽链与球蛋白连接在一起,存在于甲状腺滤泡腔的胶体中。根据临床观察和动物实验的结果,甲状腺素能调节基础代谢——作用于肝、肾、心脏和骨骼肌,促使其中的糖原转化为葡萄糖,用于细胞呼吸。

胰腺中有两类组织:一类是分泌消化酶的腺泡组织,另一类是分散在腺泡组织中的胰岛组织。1869年,

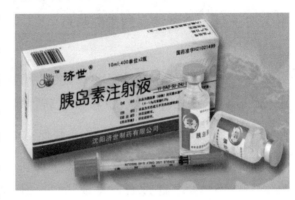

胰岛素能成功地治疗糖尿病

兰格汉斯发现了胰岛组织,胰岛组织被称为"兰氏小岛"。兰氏小岛能分泌胰岛素和高血糖素。临床观察和动物实验表明糖尿和多尿是胰岛素缺乏的典型症状。1921年,班廷和麦克劳德合作成功地提取了胰岛素,他们用胰岛素成功地治疗糖尿病。1953年,人们又搞清楚了胰岛素是由51个氨基酸形成的两条肽链所组成的蛋白质。胰岛素在治病方面有很大的作用,它是已知的唯一降低血糖水平的激素;它能增加细胞膜对葡萄糖的通透性,促使葡萄糖从高浓度的血浆进入低浓度的细胞中;它是调节机体各种营养物质代谢的重要激素之一,对于维持正常代谢和生长是不可缺少的。

1855年,艾迪逊发现"青铜病"病人的肾上腺有毁坏性病变,他根据这个发现提出了第一份对内分泌缺陷病症做

准确描述的临床病理研究报告。1901年,杜克曼和爱尔德里奇成功地提制出了第一份激素的晶体——肾上腺素,肾上腺素的提制为研究激素的化学组成和化学结构准备了一个良好的开端。

内分泌生理学的进展

20世纪上半叶,人们测定各种激素的特性、运用化学方法搞清各种激素的化学组成和分子结构主要依靠生物学鉴定法。到目前为止,人们对上百种激素进行了定性定量研究。一般认为,激素是由一些特定的器官或细胞在特定的刺激作用下分泌到体液中并通过血液循环作用于器官。关于激素的作用机制,长期以来是生理学家们普遍关心的问题。早在20世纪40年代,萨瑟兰就发现肾上腺素和高血糖素都可以作用于肝细胞,使肝糖原分解成葡萄糖,使血糖升高。1960年,他证实了磷酸腺苷(cAMP)可以激活磷酸化酶,cAMP是在腺苷酸环化酶作用下由ATP转化而来的。ATP和cAMP广泛存在于动物的各种组织中。

1969年,萨瑟兰提出了第二信使论来解释含氮激素的作用机制。他认为神经递质或激素把某种信息由分泌细胞带到靶细胞,这些物质是第一信使。含氮激素并非直接进入细胞内,而是与细胞膜表面特异的受体结合再进入细胞的。腺苷酸环化酶与受体紧密结合在一起,第一信使作用于受体,激活腺苷酸环化酶从而使 ATP 转化成 cAMP,cAMP 再刺激或抑制靶细胞中特有的酶或反应过程,cAMP 被称为"第二信使"。第二信使学说能够很好地解释含氮激素所引起的各种生理效应,但由于缺乏有力的证据,第二信使学说还有待进一步彻底证实。类固醇激素是小分子,能够扩散进入细胞。在靶细胞中激素与特异受体分子结合形成"激素—受体复合物"。这种复合物在一定的条件下穿过核膜进入核内,与基因组上的蛋白质相互作用,促进按 DNA 样板转录成信使核糖核酸(mRNA)的过程。mRNA 扩散出核膜,进入细胞质,导致某种蛋白质的合成,从而引起这种激素的生理效应。

内分泌学研究阐明了许多人类以前无法解释的生理现象,为医学、农学等实用科学提供了理论基础。例如,1932

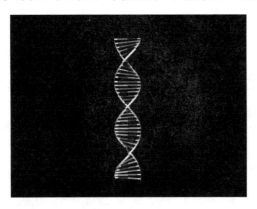

DNA 示意图

年,贝特在研究昆虫时发现某些昆虫能分泌一种性激素到空气中引诱异性昆虫,并提出了"外激素"的概念。现在通过人工合成的多种昆虫性激素在农业上用来诱捕有害昆虫。20 世纪 30 年代，人们还认识到黄体酮可以阻止排卵。1940 年，马克尔用植物作为原料成功地合成了黄体酮。1952 年，辛特克斯药厂的化学家得累斯合成了"炔诺酮"。20 世纪 60 年代，复方炔诺酮作为避孕药物被广泛应用，避孕药物的诞生在一定程度上改变了人类的生活方式。

　　现在，内分泌学的理论和应用研究正有待人们进一步地开拓，它和神经生理学一样是生理学中大有作为的领域。

近代生理学始于 17 世纪，实验是近代生理学的特征。1628 年，英国医生哈维发表了《动物心血管运动的解剖研究》一书，这本有关血液循环的名著是人类首次以实验证明了人和高等动物的血液是从左心室输出，通过体循环动脉而流向全身组织，然后汇集于静脉回到右心房，再经过肺循环而入左心房，心脏是血液循环的中心。

17 世纪的医学仪器制造水平还比较低，哈维当时由于工具的限制，还不能断定动脉与静脉之间是怎样连接的，一切还只能依靠臆测，他认为动脉血是穿过组织的孔隙而通向静脉。1661 年，意大利组织学家马尔皮基应用简单的显微镜发现了毛细血管之后，血液循环的全部路径才搞清楚，并确立了循环生理的基本规律。

17 世纪，将反射概念首先应用于生理学的是法国哲学家笛卡尔，他认为动物的每一活动都是对外界刺激的必要反应，没有刺激就没有反应，刺激与反应之间有固定的联系，并称这一连串的活动为反射。反射概念直至 19 世纪初期由于脊神经背侧支感觉和腹侧支运动的发现,才获得结构与功能的依据。反射概念的提出为后来神经系统活动规律的研究指引了方向。

18世纪,法国化学家拉瓦锡发现了氧气和燃烧之间的关系,他指出呼吸过程就像燃烧过程一样,都要消耗氧气并且产生二氧化碳,他的理论为机体新陈代谢的研究奠定了基础。意大利物理学家伽伐尼发现动物肌肉收缩时能够产生电流,于是开始了生物电学这一新的生理研究领域。

19世纪,生理学研究开始进入繁荣时期。首先值得一提的是法国的著名生理学家贝尔纳,他在生理学的多方面进行了广泛的实验研究并做出卓越贡献,特别重要的是他提出的内环境概念已成为生理学中的一个指导性理论。他指出血浆和其他细胞外液是动物机体的内环境,是全身细胞直接生活的环境,内环境理化因素如温度、酸碱度和渗透压等的恒定是保持生命活动的必要条件。

记纹器是长期以来进行生理学实验的必需仪器,它是由德国的路德维希创造的。路德维希对血液循环的神经调节做出了重要贡献,对肾脏的泌尿生理提出了有价值的设想。和他同时代的德国海登海因除了对肾脏泌尿生理提出不同的设想外,还首次运用了慢性的小胃制备法以研究胃液分泌的机制,这个小胃被称为海氏小胃。这种小胃制备法后来经俄国的著名生理学家巴甫洛夫改良成为巴氏小胃,从而分别证明了胃液分泌的调节既有体液机制又有神经机制,他们都对消化生理做出不朽的贡献。

德国的物理学家和生理学家亥姆霍兹也做出了突出的贡献,他除了运用物理学知识对于视觉和听觉生理做了研究之外,还创造了测量神经传导速度的简单而相当准确的方法,他的贡献为后人所称道。

20世纪前半期,生理学研究在各个领域都取得了丰富的成果。1903年,英国的谢灵顿经过长期的对脊髓反射规律的研究之后,出版了他的名著《神经系统的整合作用》,此书的出版为神经系统的生理学奠定了坚实的基础。与此同时,巴甫洛夫从消化液分泌机制的研究转到以唾液分泌为客观指标对大脑皮层的生理活动规律进行了详尽的研究,并提出著名的条件反射概念和高级神经活动学说。

美国的坎农在长期研究自主神经系统生理的基础上,于1929年提出著名的内稳态概念,进一步发展完善了贝尔纳的内环境稳定的理论,他认为内环境物理化学因素之所以能够在狭小范围内波动而始终保持相对稳定状态,主要有赖于自主神经系统和有关的某些内分泌激素的经常性调节。

坎农的"内稳态"概念在 20 世纪 40 年代由于控制论的结合,广泛地认识到机体各个部分从细胞到器官系统的活动,都依靠自身调节机制的作用而保持相对稳定状态,这些调节机制都具有负反馈作用。从此以后,控制论、系统分析和电子计算机等一系列新观念新技术进入生理学,使得生理学在定量研究方面迈出了一大步,出现如数学生理学等的新边缘学科。

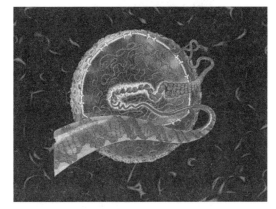

细胞

20 世纪 20 年代,中国近代生理学的研究得到发展。1926 年,在生理学家林可胜的倡议下,中国生理学会成立,第二年《中国生理学杂志》创刊,新中国成立后,《中国生理学杂志》改称《生理学报》。中国生理学家在这个刊物上发表了不少很有价值的研究论文,受到国际同行的重视。

名句箴言

天生的能力必须借助于系统的知识。直觉能做的事很多，但是做不了一切。只有天才和科学结了婚才能得最好的结果。

——斯宾塞

生理学三大主流

生理学是研究活机体的正常生命活动规律的生物学分支学科，生理学虽然是生物学的一个分支，但在拉马克第一次使用"生物学"这个名词之前，世界上已经有了几位很有名望的生理学家。生理学有着悠久的历史、众多的成果，是生物学的主体。生理学的外延很难界定，比如诺贝尔奖中有一项生理或医学奖,这个"生理"就是生物学的代名词。

从哈维到贝尔纳,将近3个世纪的科学家的努力把生理学从神化的亚里士多德—盖仑体系中解放出来,并引导生理学走上现代化的道路。生理

亚里士多德

学现代化时期的特点是哲学思辨色彩浓厚,神学色彩逐渐减少,科学成分日渐增多。人们试图用哲学、力学、化学和物理学原理来探索生命活动的机理,并进行了不少有趣的实验,但由于当时各种社会条件的限制,这些实验往往并没有达到预期的目的,反而走向极端或偏执而陷入形而上学的泥坑。尽管如此,这个时期的主要学术流派:医学机械学派、医学化学学派、德国生理学派,对后世生理学的影响还是很巨大的。

医学机械学派

17世纪,物理学得到了极大的发展,通过伽利略、开普

勒、牛顿等天才的努力建立了雄伟的力学大厦,机械力学作为文艺复兴的产物成了当时自然科学的主流。当此之时,机械力学不仅是一门科学,而是一种新的世界观,正在成长的生理学也受到了它的巨大影响。事实上,生理学的奠基者哈维就是一个机械论者。他把机械力学应用到生理学上,成功地阐述了机体的血液循环。受他的鼓舞,不少人试图运用机械论来解释机体的肌肉运动、消化乃至整个机体的活动,这就形成了有名的学术流派——医学机械学派。

笛卡尔是医学机械学派的创始人之一,他出生在法国一个富有的家庭,是哈维和培根的同时代人。作为数学和哲学大师,笛卡尔对动物生理也充满了兴趣。在《论宇宙》一书中,他把动物和人看成是宇宙的重要组成部分。在《论人类》和《论胚胎的形成》两文中,他提出了解释动物生理的机械论体系。笛卡尔把动物看成是一架机器,其各种生理功能可以用纯粹的机械术语来解释。他把各种生理活动归结为物质微粒的运动和心脏所产生的热的运动。他认为人是一架具有"理性灵魂"的特殊机器,"理性灵魂"起着思维、意志力、记忆、想象的作用。他认为心脏里含有一种"无光之火",能使进入心脏的血液膨胀和加温,并将血液散布到肺部和全身。肺组织和火热的心脏相反,热血在肺部与空气作用而冷却,然后一滴一滴地注入心脏的左室中。松果腺被认为是灵魂的所在地,是非物质的灵魂和肉体机器相互作用的唯一场所。他认为动物具有灵气,动物灵气沿着神经流动,从神经流到肌肉引起四肢运动。除了人类的思想外,机体其他所有的生理功能被看作钟表、磨坊等的机械运转。作为唯理论哲学大师,笛卡尔虽然也做过一些实验或亲自到屠宰场观看动物解剖,但他关于动物生理的观点或理论基本上是从他自己的哲学体系中演绎出来的,而并非从实验中得出来的。用今天的眼光来看,他的观察和解释科学的成分不多。笛卡尔在生理学发展史上的意义在于他敢用一种机械方式来解释动物包括人的全部功能,特别是大脑的功能,这对当时的盛行的唯灵论是一个沉重的打击。

笛卡尔

拉美特里是医学机械学派的另一位杰出人物,与笛卡尔小心避开争端的性格相反,他经常故意挑起争端和冲突。作为牧师,他却在《心灵的自然史》中用唯物的理论和科学的方法直接反驳基督教教义。1748年,他出版了著名的《人是机器》一书,在书中,他把人和动物一样当作一部机器来讨论。拉美特里曾观察过动物肠管的蠕动和肌肉因刺激而收缩的现象,根据十分有限的事实,他做出了许多大胆的推论。他认为人这部机器完全是根据物理化学规律活动的,甚至精神活动也是一个物理化学过程,像鸦片、吗啡、酒精不仅能影响人的机体,而且能影响人的精神如思想、情绪、想象和意志。拉美特里否定了人类本质上不同于动物的观点,从而抛弃了笛卡尔的灵魂与肉体相互作用的"二元论",使生理学中机械论更加完美和彻底。

笛卡尔和拉美特里的理论让医学机械学派在哲学上占有很重要的地位,但真正为这一学派在科学上赢得盛誉的代表人物则是博雷利和哈维。

出生于意大利那不勒斯的博雷利从小就显示出了数学天才,他应聘担任比萨大学数学教授,但却和马尔比基合作研究动物的解剖和生理学。事实证明,博雷利使比萨大学数学和生理学两方面都变得著名起来,比萨大学成为了倡导自然科学新实验方法的中心之一。

博雷利的生理学成就集中在他死后出版的《动物的活动》一书中。在这部生理学巨著中,绝大部分内容是应用数学和机械原理来研究肌肉的功能。他对人和动物的各种姿势以及步行、奔跑、游泳和飞翔等不同种类的运动进行了有趣的力学分析和计算。他将机械学原理和几何学结合来研究单块肌肉和肌肉群的运动。他把动物的各种活动分成内运动和外运动,即内脏运动和骨骼肌的运动。他通过显微镜观察肌肉的细微结构,耐心细致地研究了各种肌肉运动的特点。他和斯坦诺不约而同地发现肌肉收缩时起作用的是肌肉中的肉质纤维而非肌腱纤维,这就纠正了希波克拉底派认为肌腱引起运动的错误观点。

博雷利做了一个简单的实验,通过实验发现心脏是一个肌肉泵,而不是一个笛卡尔所描述的热源。他用一头鹿做活体解剖,测量心脏和其他器官的差别,发现无明显的温

用鹿做活体解剖

度差异。他还断定,心脏肌肉在收缩时体积会增大,并认为是肌肉活动的普遍现象,但并不认为这是动物灵气从脑通过神经流到肌肉使肌肉紧张而变粗。有趣的是几乎与此同时,其他科学家如戈达德和格列森通过简单的实验证明肌肉在收缩时体积并未增大,这些相反的意见让博雷利对肌肉收缩的原因进行了深入的思考。他认为肌纤维是由菱形块串成的链,收缩是由于大量的楔形相互嵌插而引起肌肉膨胀的结果。博雷利还做过一些有趣的实验,尽管他的态度严肃而认真,但结论接近荒唐和可笑。比如为了证明胃

部肌肉在运动,他将玻璃球、铅块等东西放到火鸡的胃中,第二天再去看时,这些东西都变成了粉末,于是他认为胃和牙齿的作用是一样的,都是通过压力在起作用,并且计算出火鸡胃的力绝不低于1350磅。

当时,博雷利的学说得到很多人的推崇,他的追随者们也做了很多的工作,但这些追随者除了做些诸如此类的努力外,更把他的理论推向极端,并没有取得什么有价值的成就。由此可见,用机械论的方法来研究生理学的局限是相当明显的。庆幸的是以巴拉赛尔苏斯为代表的一批科学家扭转了这个局面,他们从化学的角度来探讨生命活动的机理。

医学化学学派

医学化学学派不仅是一个生理学派,也是一个化学流派。巴拉赛尔苏斯是医学化学学派的首倡者,他也是近代化学的主要奠基人之一。

巴拉赛尔苏斯受父亲的影响学习医学,后来漫游欧洲学习炼金术和矿物学,他在意大利获得医学博士学位,并成为一位优秀的外科医生,但他并不是一位医学的守旧者,而是一位医学的改革者。他曾将盖仑和阿维森纳的著作同硫黄及硝石放在黄铜盘子中一起烧掉,以表示和传统的势不两立。遗憾的是当时他没有提出一套全新的理论,他仍旧相信四元素说。他认为四元素在身体内变为三种要素,这三种要素是盐、硫黄和水银。盐是不挥发和不可燃的要素,水银是可溶和挥发的要素,硫是可燃的要素。他把这三种要素称为"三基",并把它们分别比作身体、灵魂和精神。他

盐

认为这三种要素的增减决定着机体的健康、疾病、生存和死亡。据说他善于用水银制剂治疗所有旧药都不能治好的疾病。现在看来,巴拉赛尔苏斯雄心很大,但他的科学成就并不是很多,他的伟大贡献在于极力主张用化学来推进医学和生理学的发展。虽然他对生理学和化学的具体贡献都微不足道,但他主张从化学的角度研究医学和生理学的思想不久就产生了丰硕的成果,极大地促进了医学生理学和化学的发展。因此,他也被称为医学化学学派的奠基人。

医学化学学派的另一位代表人物是赫尔蒙特,他在神秘的炼金术向化学转变的过程中起着举足轻重的作用。赫尔蒙特是巴拉赛尔苏斯的忠实信徒,他仔细地研究了巴

氏的化学著作和医学著作,这使他深信生命基本上是一种化学现象。通过他自己的实验和著作,赫尔蒙特又极大地影响了以波义耳为代表的一大批近代化学家。

1579年出生于布鲁塞尔的赫尔蒙特先在鲁文学习艺术,后转入耶稣学会研究神学和神秘学,最后于1609年在鲁文取得医学博士,同年他与一位富有妇人结婚,退隐到布鲁塞尔附近的维尔伏尔德专心从事科学研究。赫尔蒙特虽然和他的老师巴拉赛尔苏斯一样坚信生命本质是一种化学过程,但是他纠正了老师的不少错误观点。他否定巴氏倡导的三要素说,他断言真正的元素是空气和水。著名的柳树实验使他更加坚信所有的植物都是由元素水生出的,木

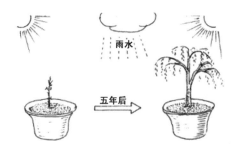

赫尔蒙特柳树实验示意图

头、木炭灰、土也是由水生出的。关于"气",他做过很多的实验,有不少精彩的论述,他甚至自称为气体的"发明家"。他的这个实验引起了波义耳的极大兴趣,波义耳将其发展并完善。

动植物生理学的发展

赫尔蒙特对生理学做出了突出的贡献，最主要贡献是关于酵素和消化过程的论述。他认为物体的两个主要"始基"是水和酵素。酵素是一种潜在的形成能力，它能够使水发展成物质和生命，如土壤、石头、动物和植物，而且如果没有酵素的作用，物质的不活动的亲和力就不能引起变化或嬗变。他认为胃里、肝里以及身体其他各部分都有特殊的酵素，它们引起消化和其他生理变化。赫尔蒙特还对人体消化做了详细讨论。

赫尔蒙特关于酵素与消化的理论尽管不是很细致，但基本方向是正确的，有些地方甚至已经与现代酶学和消化理论相近。他根据研究写下了《论尿结石》，这本书是在大量的化学实验基础上写成的，在书中他精确地描述了酒精中酒石的形成过程。他把尿精和酒精混合，观察到有白色沉淀生成，这些物质后来被称为赫尔蒙特丸。赫尔蒙特从尿中离析出两种固体盐，一种是食盐，另一种大概是磷盐。作为一个化学家，赫尔蒙特经常使用天平做定量实验，他发现金属能在酸中溶解，等其复原后质量并不改变。这实质上是物质不灭、质量守恒思想的起源。

医学化学派进入了全盛时期，西尔维斯是这一时期的代表人物。他继承了巴拉赛尔苏斯和赫尔蒙特用化学阐释生命现象的传统并将其发展。他进一步抛弃了医学化学派中的灵气论和神秘主义倾向，大胆提出生命体的生理学过程和非生命体的化学过程是一回事。这样,从理论上说一切生命现象都可以在实验室里得到再现。为了更方便地进行实验,他在莱顿大学创立了第一个正规的医学化学实验室,用以从事生命现象的实验研究。通过对酸、碱、盐的研究,西尔维斯提出了一种理论,即酸碱的相互作用决定了生命的健康和疾病,因而人们可以通过调节酸碱平衡来治疗疾病。

西尔维斯和博雷利是处于同一个时代,西尔维斯生活在英国,他尝试用化学来阐述生命的规律,博雷利生活在意大利,他力图用数学和力学来解释生理现象,这两种阐述方式相互区别而又有所联系,本来可以相互补充,但由于西尔维斯和博雷利二人互不相让,他们对自己的理论和方法充满信心,并且认为只有自己掌握了解释生理现象的唯一钥匙,因而这二者并没有得到有效地融合。医学机械学派拒绝生物现象的化学解释,可能是他们对化学知之甚少;医学化学派拒绝物理解释,也许是他们对化学过于偏爱和迷信了。

德国生理学派

19世纪,生理学开始在德国繁荣起来。以弥勒、杜·雷蒙、赫尔姆霍茨为代表的一批科学家将物理学和生理学巧妙地结合起来,形成了一个著名的生理学派——德国生理学派。他们不仅开创了生理学研究的新阶段,而且大大地丰富了物理学的内容。

弥勒的出生地——德国科布伦茨

弥勒是一位杰出的生物学家,他对生物学进行了广泛而深入的研究,生理学研究是弥勒对生物学众多研究中的一个方面。1801 年 7 月 14 日,弥勒出生在德国科布伦茨一个手工业者家庭里,他从小就表现出了非凡的智力和对自然的热爱。1819 年,弥勒到波恩学医,在大学期间他写了论文《关于胎儿的呼吸作用》,这篇论文受到学院的嘉奖,弥勒也于 21 岁获得医学博士学位,1830 年,年仅 29 岁的弥勒被任命为波恩大学教授。弥勒与歌德相识并受歌德的色彩学的影响,对视觉进行了生理学观察和研究,根据研究结果,他发表了论文《论视觉的比较生理学》,提出了著名的"感官特殊能力定律"。

弥勒对刺激进行了一系列的研究,他认为不同的刺激可能会产生相同的感觉,也就是说感官刺激的方式并不是最重要的,他的这一观点在后来被证明是事实。谢林和奥肯思辨自然哲学思想深深地影响着弥勒,这时弥勒的思想倾向于哲学唯心主义并由此得出了不可知论的哲学结论。尽管如此,弥勒从未停止过科学探索的脚步。1840 年,他在一种鲨鱼体内发现了亚里士多德曾经描述过的胚胎与母体子宫壁之间的胎盘连接,后来人们把这种连接的管道称为弥勒氏管。他发现了青蛙的淋巴心脏,研究了昆虫的内脏系统。他还用实验证实了贝尔 1811 年提出的脊神经背侧支和腹侧支神经根的功能。在医学上,他发明了著名的"弥勒呼吸实验"。

安培

1833 年和 1840 年,弥勒的《人体生理学手册》第一卷和第二卷分别出版。这部巨著总结了他本人和当时生理学研究的主要成就,在书中,他提出了自己的理论体系。《人体生理学手册》实质是继第一部系统的生理学著作——《生理学原理》之后又一部具有高价值的生理学教科书。细胞病理学之父微耳和在谈到弥勒时说:他是科学史上最伟大的人物之一,他改变了生理学领域的所有方面,并且对生理学的未来发展产生了深远的影响。基于弥勒对科学做出的巨大贡献,普鲁士国王授予他艺术和科学大奖章。

　　弥勒对生理学的影响是深远的,他培养了一大批生理学家,为生理学的大发展开辟了道路。

　　雷蒙是在弥勒的培养下成长起来的一位科学家,他通过弥勒的助手和弥勒相识,后来成为德国生理学派的一员主要干将。弥勒要求他核对意大利物理学家马特伊西关于蛙肌电和神经性能的实验,这成了雷蒙终生从事生理学工作的出发点。1843 年,他完成了博士论文,成长为一位年

雷蒙补偿电路设计的换能器

轻有为的电生理学家。1845 年,他和布吕克、卡斯腾、克诺布

劳赫等创立了柏林"物理学协会",同时开始对生理学的探索和物理学研究。

雷蒙是一位出色的实验家,他创制了许多研究动物电的物理工具如感觉测量器、倍加器、补偿电路等。他发现了肌肉的损伤电流和眼睛的静止电流。他还发现动物器官的电反应同磁铁的反应相似。他模仿安培关于磁结构的想法,提出了一种解释动物电现象的理论——分子论。他研究临床诊断检查方法如心电图描记器,

赫尔姆霍茨

并取得了可喜的进展。另一方面,由于动物电的研究常常涉及物理学的一般问题,这又促使杜·雷蒙研究一些纯粹的物理学问题,如流体链、极化电内渗、电泳现象、扩散、热电流。他改进的滑动感受器,除生理学之外也丰富了物理学技术。他的这些成就记录在他的学术专著《动物电研究》中,该书第一卷出版于1848年,第二卷分别于1849年和1860年出版。

赫尔姆霍茨从小就表现出多方面的兴趣和天赋,在能量学、生理光学、生理声学、电生理学等方面都做出了卓越的贡献,他也是德国生理学派的一员干将。从1841年开始,他在

柏林大学弥勒教授的指导下进行生理学研究。1847 年,他在一篇论文中深刻阐述了能量守恒定律的数学原则。1850 年,他成功地测算出青蛙兴奋过程的神经电传导速度为每秒27—30 米。他的导师弥勒教授也做过类似的努力,但是弥勒并没有测得结果。现在用示波器直接记录动作电位,发现动作电位传导的速度与神经冲动的速度相等,这也说明动作电位是神经冲动的表现。他还提出了关于神经电传导"阈"的概念,也就是说刺激要达到一定的强度才能引起传导。赫尔姆霍茨的实验设计简单巧妙,他用这些简单而巧妙的实验测量了多种神经细胞的电传导,掌握了许多神经细胞功能的知识。1856 年,他出版了一本生理光学专著,对眼睛的结构和功能及其神经传导进行了系统的阐述。他还研究过声学和动物的听觉系统,他通过对小提琴琴弦振动的研究推想到声波在耳中的传播,提出了著名的共振学说。赫尔姆霍茨继承了他的导师弥勒哲学思辨的传统,在哲学上也有所作为,实际上,他本身也是一个经验主义者。1878 年,他在一次著名的讲演中总结了自己的认识论思想。

在赫尔姆霍茨身上可以看到德国生理学派的特点,即用最新的物理学理论和方法来研究和解决生理学问题,使物理学和生理学同时得到了发展和繁荣。

名句箴言

天才就是这样，终身劳动，便成天才！

——门捷列夫

主流之外的生理学家

生理学的三大主要流派是医学机械学派、医学化学学派和德国生理学派，但主要流派并不代表正确方向，三大主要流派受到时代和方法的限制，观点的局限性也相当明显的。在17—19世纪中，还有一些不属于上述三个流派的科学家为生理学做过一些贡献。

桑塔雷欧在物理学和化学还处在

萌芽状态时,以超人的耐心对人体进行了有趣的定量研究。他经常坐在一架特制的大天平上进行自我称量,测算自己吃饭、喝水、睡眠、运动甚至生病时的体重变化。通过 30 余年的耐心实验,他于 1614 年出版了《静态医学格言》,这本小册子大受欢迎,多次再版,并被译成多种语言传遍欧洲。他最有价值的生理学发现是人身体"觉察不到的出汗"。桑塔雷欧是公认的定量医学研究的奠基人。

如何消化是生理学家最感兴趣的一个问题之一,有很多生理学家对消化进行了大量的研究。斯布莱兹尼为了能向大家阐明唾液对食物作用的机制,勇敢地把一些装有不同食物的小管和小袋吞进胃里以观察其结果。史蒂文斯也利用一个智力低下、靠吞石取乐的市民的"吞食反刍者"做了类似的实验观察。斯布莱兹尼和史蒂文斯得出了与医学机械学派相左的结论,然而他们并没有完全揭示消化机理,消化机理是由后来的博蒙特和马丁阐明的。1822 年 6 月 6 日,18 岁的法籍加拿大人马丁因滑膛枪走火打伤了腹部找医生博蒙特治疗。经过治疗后,马丁的伤口难以愈合,经常有食物从胃里跑出来,但他体质很好,并没有发烧和出现其他病症。这样,博蒙特就利用马丁的胃这个天然实验室进行消化研究。通过几年的合作研究,终于令人信服地阐明了胃液对食物的作用纯粹是一个化学变化过程。

为了研究生理现象的物理化学基础,拉瓦锡和拉普拉斯合作设计了一个能定量测量动物产热的实验系统，这样便使呼吸和燃烧能在定量的条件下进行比较。1777 年，他们在《关于动物呼吸的实验和关于空气通过肺部时经历的变化》一文中明白无误地把呼吸过程解释为缓慢的燃烧或氧化。他们的实验以及对呼吸过程的解释充分显示了拉瓦锡和拉普拉斯天才的智慧和严谨精确的作风。

拉瓦锡

名句箴言

天才是百分之一的灵感加百分之九十九的血汗。

——爱迪生

实验生理学的奠基人

贝尔纳是一位天才的科学家,他是实验生理学的真正奠基人。他提出了"内环境"概念,这个概念经亨德森和坎农的努力发展成"内稳态理论"。"内稳态理论"是现代实验生理学的基础,而生理学上每取得一项巨大成就都进一步阐明了"内稳态"的机制,这些更证明了贝尔纳的研究具有的价值。

　　贝尔纳出生于农民之家,他曾在教会学校受到过一些传统的教育。由于经济上的困难,他曾在一家药铺当伙计。他写的关于万灵药的短剧最先显示了他的才华,为此他差点选择了戏剧作为自己终生的事业。1834 年,他进入巴黎医学院,不久成为当时著名科学家马让迪的助手。马让迪擅长活体解剖,极力主张用物理化学方法阐释生命现象。贝尔纳在他手下受到了良好的训练,并且青出于蓝而胜于蓝。他在 40 年的科学生涯中,对生理学各方面所做出的贡献是无与伦比的。

　　贝尔纳的研究要从解释胰脏的消化机能讲起,通过实验他第一次从胰脏中分离出三种酵素,这三种酵素分别促进糖、蛋白质、脂肪的水解,便于肠壁吸收。因此他确定胰脏是最重要的消化腺,修正了旧时以胃为最主要消化器官的错误。除了消化机能外,他还发现了胰脏的内分泌机能,对现代内分泌学的建立做了开创性的工作。关于胰脏的研究还为贝尔纳发现和证实肝糖原的合成功能做了良好铺垫。当时流行着这样一种理论,即动物所需的糖分从食物中吸收,通过肝、肺或其他一些组织而分解。为了证实这种理论,贝尔纳用狗做实验。他用碳水化合物和肉分别喂狗,几天之后把狗杀死,他发现狗的静脉中有大量的糖分,这种现象引起了他的思考。通过进一步实验,他终于发现了肝脏的糖原合成与转化功能,他还发现当血液中血糖含量增高时,肝脏可以将血糖转化成糖原贮存起来;反之,肝脏可以从别的物质合成糖原并将糖原转化成血糖进入血液。肝脏可以调节血糖水平,使有机体处于相对稳定的状态。这种有机体的相对稳定使贝尔纳意识到有机体各部分都是相互协调的。肝脏糖原合成和转化功能的发现不仅刺激了贝尔纳"内环境"概念的提出,而且使人们认识到动植物在生理上的统一性。

贝尔纳生理学的核心观念是有机体自身具备周密而灵活的调节机制。从这个核心观念出发,他发现并阐明了血管舒缩神经的功能。血管舒缩神经可以使血管舒张或收缩从而改变血液的流量,而血流量和血液成分一样和机体的许多功能活动相关。1857年,也就是发现和证实肝脏的糖原生成和转化的那一年,贝尔纳提出了"内环境"概念。贝尔纳集出色的实验技巧和卓越的科学思维能力于一身,他逐步充实和发展了他自己的思想。他认为动物的生活需要两个环境:机体组织生活的内环境和整个有机体生活的外环境。细胞和组织只能生活在血液或淋巴构成的液体环境中,不可能像整个有机体一样直接与外界环境接触。组织液不仅为组织提供营养,而且也是细胞或组织之间相互联系的主要通道。对高等生物来说,内环境的相对稳定是生命能独立和自由存在的首要条件。内环境的稳定意味着高等生物是一个完美和谐的整体,这个整体能够不断进行调节,从而保持内环境的稳定。

关于内环境相对稳定及其调节机理,贝尔纳进行了一些实验进行证实,但更多的是天才的推断和猜测。他的这一超时代的思想,其同时代人是很难理解的。100 年过去了,人们清楚地看到贝尔纳的思想代表了现代生理学发展的基本方向,并且在继续影响生理学的发展,这时人们才清楚地意识到 1867 年贝尔纳出版的 14 卷本《医学实验生理学教程》已经把生理学从整体上提高到了一个新的水平。贝尔纳是世界公认的生理学界最伟大的科学思想家,这个科学思想家不是单纯的科学家,他不仅埋头于一个个具体问题的研究,而且有自己特有的思想指导自己的实践。继贝尔纳之后,美国生理学家亨德森和坎农继承和发展了他的思想,进一步揭示了内环境稳定的机理。

名句箴言

对自己不满足，是任何真正有天才的人的根本特征。

——契诃夫

俄国生理学领袖

俄国科学家谢切诺夫是一位杰出的科学家，他和巴甫洛夫做出了同样伟大的贡献。

谢切诺夫是神经生理学的主要奠基人之一，他是公认的俄国生理学之父。谢切诺夫在彼得堡外科医学院通过博士论文答辩之后，先后到柏林弥勒实验室和巴黎贝尔纳实验室进修和工作,德国生理学派对他有很大的影响。在巴黎的时候,他成功地用实验证实了在中脑和大脑里有抑制激发脊髓反射的机制,这种机制就是中枢抑制。1863年,他在《关于青蛙脑中抑制脊髓反射活动机制的生理学研究》中论述了自己的研究成果。1866年,他将实验的发现总结起来出版了《神经系统生理学》,在书中他对实验结果进行发挥,并从生理学基础上解释心理现象。1868年,他在研究肌肉反射过程中发现中枢神经系统有积累微弱刺激的能力,即多次重复某种微弱的刺激对造成一定的心理特性起着重要作用。

谢切诺夫

谢切诺夫对心理现象的神经生理基础进行了深入的探索和思考之后写成了著作《思维的要素》。他认为行为是由传入刺激和传出反应之间的平衡所引起的,是一种纯粹的反射活动。传入传出是直接的和连续不断的,二者的关系可视为原因和效果的关系。有意识的行为的传出神经受高级的大脑和中脑所支配和改变,这些中枢通过中断纯反射活动并以一种特殊的方式影响传出信号从而干涉和修正行为。

谢灵顿是与谢切诺夫同时代的科学家,当时谢切诺夫并没有意识到谢灵顿所阐述的神经整合学说具有重要的作用,谢灵顿曾批评过谢切诺夫的种种科学设想没有科学依据,将科学建立在想象上是不对的。

谢切诺夫不愧为一个伟大的人物,他对生理学的理论贡献是巨大的,同时他还为俄国生理学的发展开创了良好开端,亲自培养和影响了一批俄国生理学家,这些生理学家中最著名的便是伟大的巴甫洛夫。

「神童」和「天才」，如果没有适当的环境和不断的努力，就不能成才，甚至堕落为庸人。

——维纳

名句箴言

世界生理学导师

巴甫洛夫于 1849 年 9 月 26 日出生在俄国梁赞的一位牧师家庭。1875 年，他从彼得堡大学毕业后开始在谢切诺夫指导下学习医学和生理学。1883 年，他获得了医学博士学位。1884 年，巴甫洛夫到德国莱比锡追随年迈的路德维希学习生理学。路德维希当时是与弥勒、杜·雷蒙、赫尔姆霍茨齐名的生理学家,从德国学成回国后,巴甫洛夫担任药理学教授。巴甫洛夫是一位出色的演讲家,更是一位优秀的生理学教师。他发明了医用描波器、水银血压计等仪器,并对肾脏的功能和唾液的分泌功能有研究。

水银血压计

巴甫洛夫对消化生理有着浓厚的兴趣。他在自己的博士论文《心脏的离心神经》中阐明了向心神经对心率和血压的影响,在此基础上他进一步指出神经系统是动物和人的机体内所进行着的一切过程的主宰者,消化生理当然也不例外。

大学时代的巴甫洛夫就对消化生理进行了研究。1879年,他第一次把一个固定的胰腺瘘管成功地安置在狗的身上,从此他踏上了慢性生理实验的征程。当时的生理学实验都是急性的,是在非正常状况下进行的。巴甫洛夫主张只有在正常的状况下才能揭示生理活动的本质规律。巴甫洛夫做了一系列实验来证明神经对消化腺分泌的控制作用。1889年,他做了著名的"假喂"实验,这个实验是这样的:将实验狗的食管切开,食物从口中进入从食管切开处出来,这时食物并没有进入胃中,但通过胃瘘管发现胃液仍然分泌。这个实验说明了胃液的分泌并不仅仅是食物对胃的机械或化学刺激所引起,而是通过神经在起作用。为了更准确证实神经对胃液分泌的影响,他把分布到胃的迷走神经切断再重复上面的实验过程,此时胃液停止了分泌,导致这个实验就表明了动物在吃食时由于嗅觉、味觉、咀嚼和吞咽运动通过神经传导刺激胃液的分泌。巴甫洛夫在这两个实验的基础上还进行了进一步的实验,这些实验使巴甫洛夫发现胃液有两种:一种是由食物的机械或化学刺激产生的;一种是由神经刺激产生的,他称之为"心理分泌液"。1897 年,巴甫洛夫总结了消化腺研究方面的主要成就,并在此基

巴甫洛夫

础上出版了《主要消化腺活动讲义》。1904 年,巴甫洛夫获得了诺贝尔奖。荣誉并未让巴甫洛夫就此止步,他继续研究"心理分泌"的神经机制。巴甫洛夫在用狗做实验时发现狗在看到或嗅到食物,甚至只要听到饲养员的呼唤声就能分泌

大量唾液,并非在吃到了食物之后才会分泌唾液,这种现象靠一般的反射理论很难解释。通过多次实验,巴甫洛夫将反射分为条件反射和非条件反射:非条件反射是先天性的,如膝跳反射;条件反射是后天获得的。巴甫洛夫认为条件反射是中枢神经因外周神经反复刺激后构成的一种暂时联系,他指出动物和人身上的条件反射和无条件反射属于第一信号系统,语言是人的第二信号系统,他还用两个信号系统理论来解释人的学习过程。1921 年,巴甫洛夫出版了《大脑两半球活动讲义》,提出了高级神经系统类型学说。他根据神经活动的强度、灵活性和平衡性将行为分为四种基本类型。1935 年,巴甫洛夫在列宁格勒主持了第十五届国际生理学大会。巴甫洛夫被誉为"世界生理学家的领袖"。

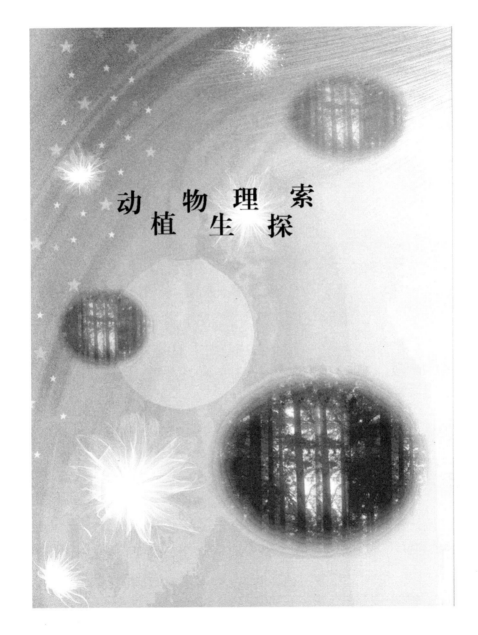

动物理索
植生探

不经巨大的困难，不会有伟大的事业。

——伏尔泰

名句箴言

昆虫生育方式探索

昆虫是生生不息的自然界中重要的一员，它们种类繁多、体形多样，生活在大自然的每一个角落。昆虫是雌雄异体的动物，它们通过两性交配来完成传宗接代的任务，但在种类繁多的昆虫纲里，还有若干种特殊的生殖方法，这些生殖方法反应了不同的适应方式。

两性生殖

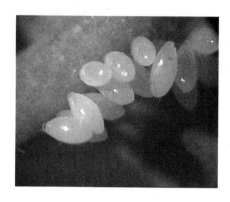

昆虫的卵

昆虫的绝大多数种类实现传宗接代是进行两性生殖。两性生殖即经过雌雄交配后,雄性个体产生的精子与雌性个体产生的卵结合后,经过正常发育成新个体。昆虫两性生殖的特点是:卵接受了精子以后,卵核进行成熟分裂(减数分裂),而雄虫在排精时精子已经减数分裂。这同别的生殖方式的分化有密切关系。

孤雌生殖

孤雌生殖即卵不经过受精就能发育成新个体,这种现象在昆虫中并不少见。昆虫的孤雌生殖大致可分为三种类型:

1. 偶发性的孤雌生殖。偶发性的孤雌生殖即昆虫在正常情况下进行两性生殖,但偶尔可能出现不受精卵发育成新个体的现象。如人们较熟悉的家蚕,就能进行偶发性的孤雌生殖。

2. 经常性的孤雌生殖。例如在膜翅目昆虫(如蜜蜂)中,雌蜂在排卵的时候并非所有的卵都是受精的。在这种情况下,受精卵发育成雌蜂,非受精卵发育成雄蜂,因为很多膜翅目昆虫(包括蜜蜂)的雌虫,其染色体为双倍体,而雄虫则是单倍体。雄虫形成精子时是不经过减数分裂的,当精子同经减数分裂的卵核结合时就成了双倍体,所以就都发育成雌虫。还有一些经常孤雌生殖的昆虫,在自然情况下雄虫极少,有的甚至雄虫还没有被发现过。这些种类的生殖完全或几乎完全通过孤雌生殖。例如一些叶蜂、瘿蜂(没食子蜂)、小蜂、竹节虫、粉虱、介壳虫、蓟马、蓑蛾等,都是孤雌生殖的昆虫。

3. 周期性的孤雌生殖。即孤雌生殖和两性生殖随季节的变迁而交替进行。蚜虫就是周期性孤雌生殖的一个例子。许多蚜虫只在冬季将要来临的时候才产生雄蚜,进行雌雄交配,生产受精卵越冬;而春季到秋季的十余代都以孤雌生殖繁殖后代,在这段时期几乎完全没有雄蚜。蚜虫在孤雌生殖时(产性蚜时除外),它的后代都是雌的,经两性交配后产的卵到第二年也都发育成雌蚜,唯有产性蚜时才出现雄蚜。

孤雌生殖对昆虫的广泛分布和繁衍起着重要的作用,因为即使只有一个雌虫被偶然带到新的地区,就有可能在这一地区繁殖起来。当遇到不适宜的环境条件而造成昆虫大量死亡的时候,孤雌生殖的昆虫也更容易保留它的种群,所以孤雌生殖可以说是昆虫保护自己、适应环境的有利途径。

多胚生殖

多胚生殖是指一个卵产生两个或多个胚胎的生殖方法。膜翅目的一些寄生性蜂类经常采用这种生殖方法,如小蜂科、细蜂科、小茧蜂科、姬蜂科、蜜蜂科等一部分种类,在捻翅目中也有进行多胚生殖的。

多胚生殖的寄生蜂,将卵产在寄主的卵里,而到寄主幼虫将成熟化蛹时,才变成成蜂离开寄主。寄生蜂在一个寄主里可产生 1—8 个卵不等,一次产卵,可有受精卵可有非受精卵,受精卵发育成雌蜂,非受精卵发育成雄蜂。这些多胚

蜜蜂

生殖的蜂卵在成熟分裂时极体均不消失,而是集中在卵的一端,继续分裂,逐渐发展成为包在胚胎外的滋养羊膜。胚胎通过滋养羊膜直接从寄主体内吸取它所需要的营养物,所以

滋养羊膜也被称为营养膜。经成熟分裂后的卵核位于卵的后端——与极体相对的一端。随着一次又一次地分裂,卵的后端就膨大起来。只分裂一次的,以后就产生两个胚胎,但就已知的种类看,分裂一次的是极少的,大多要经多次分裂,多者可产生 1600—1800 个子核,以后每个子核形成一个胚胎,发生胚胎的多少决定于寄主的承受能力。多胚生殖可以看作是对活物寄生的一种适应,因为这些寄生性昆虫常常不是所有的个体都能找到相应的寄主,多胚生殖可以保证一旦找到寄主就能产生较多的后代。

胎生与幼体生殖

昆虫的绝大多数是进行卵生的,但也有一些是胎生或幼体生殖。

胎生即昆虫从母体直接生产出幼虫或若虫的生殖方法,幼体生殖即昆虫在母体尚未达到成虫阶段,还处于幼虫期就进行生殖的生殖方式。凡进行幼体生殖的昆虫,产出的都不是卵,而是幼虫,所以幼体生殖可以认为是胎生的一种形式。既然幼体生殖的母体都没发育到成虫阶段,当然也谈不到两性交配,所以幼体生殖又可看成是孤雌生殖的一种类型。

胎生可以说是对卵的保护的一种适应,而且由于缺乏独立的卵期,所以昆虫完成一个生命周期所需的时间也比较短。幼体生殖同时也都是孤雌生殖,所以也是昆虫的广泛分布和在不利环境条件下保持种群生存的适应。

生活就像海洋，只有意志坚强的人，才能到达彼岸。

——马克思

名句箴言

奇异的昆虫耳朵

毛状听器和鼓膜器

蝉到底有没有耳朵呢？有人曾做过一个实验：将两门土炮架在蝉正在唱歌的大树下，炮响了，雷鸣般的炮声让人们震耳欲聋，可是蝉却像没听见似的，照唱不误，蝉好像是个聋子。其实蝉不是聋子,只是它的听力范围与人的不一样。昆虫的耳朵不像人类的耳朵,它有各种各样的外形,在身体上的位置也不固定,而最简单的耳朵就是感觉毛了。这种毛状听器构造很简单,内部只有一个神经细胞与毛窝膜连接,当毛受到空气震动或压力而弯曲时,毛窝膜通过神经细胞传至中枢神经,从而做出相应的反应。另一类耳朵叫鼓膜器,它有一个

蝉

略凹入周围体壁的椭圆形或圆形的鼓膜及数组由剑梢感受器组成的听体,直接连接在鼓膜的内壁上或连接在与鼓膜相连的后生薄膜上。

昆虫能够发出和接受声音信号的能力对人类有很大的启发,科学家根据昆虫的发声和接受声音的原理发展起一种防治农业害虫的新方法——声防法,这种声防法即利用昆虫能对声音做出反应的特性,诱集或驱避某些种类的昆虫以减少危害,目前这种方法并已获得初步成功。

触角上的耳朵

有些昆虫的耳朵长在触角上,我们所熟悉的蚂蚁就是这样。昆虫耳朵中最灵敏的要算琼氏器了,琼氏器位于触角梗节中,多数昆虫用它来控制触角的方位和活动,但雄蚊和鼓甲的琼氏器是用作听觉器官的。按蚊雄蚊的琼氏器约有3万个感觉细胞,其灵敏度可与人耳朵比美,对350—550赫兹低频率声波的反应最为灵敏。

胸部上的耳朵

仰泳蝽的耳朵在胸部,鳞翅目成虫的鼓膜听器位于后胸或第一腹节上。夜蛾的听器长在胸、腹部之间凹处,竟然能够感受超声波,这种能力使夜蛾能及时躲避蝙蝠的捕食,当蝙蝠出现时,其发出的超声波早就通知了夜蛾,于是夜蛾急忙躲避起来。

蝗虫

腹部上的耳朵

蝉的耳朵长在腹部第二节附近,由比较厚的鼓膜和下面的 1500 个剑梢感受器组成,当声波传到听觉器上,再把信号送到脑子里,蝉就听到了声音,但由于这些剑梢感受器像丝一样延长,所能感受到的声波很有限,因此蝉的听力也很差。

蝗虫的耳朵则位于第一腹节两侧,像半个月牙形的小坑里有一块镜面模样的鼓膜,每个鼓膜下有 60 — 80 个感觉细胞。不过,蝗虫休息时,两个耳朵完全被翅膀盖住了,这时它的听力很迟钝,只有在展翅飞翔时暴露在外,接受声音的能力才会更敏感。人们研究了蝗虫所能接受的声波后,已经可以用15000 — 20000 赫兹的人工信号来招引蝗虫发出鸣声或起飞等一系列反应。

尾须上的耳朵

狡猾的蟑螂为什么能够在人们发现它的瞬间逃之夭夭呢?这是因为它的听觉毛长在尾须上,在遇到危险时,其尾须的毛状感受器给它报了警。这种听觉毛就像一台高度灵敏的微波振动仪,能感受到频率很低的声波,它不仅能测到振动的强度，就连方向也能感受出来。

腿上的耳朵

　　蛐蛐、蟋蟀是可爱的鸣虫，许多人用高价买来雕琢精美的葫芦装着小小的草间野虫，就是为了能随时欣赏其悠扬醇美的歌声。这些鸣虫自己是用什么来倾听彼此间的"歌声"的呢？原来它们用来听音的耳朵长在前足胫节上，这个耳朵是一个膜状构造，称为鼓膜听器。螽斯、蟋蟀的听器外形为卵圆形或缝隙状，鼓膜里有100—300个感觉细胞，可以很快接受到同种发出的召唤、求爱、交尾、攻击、报警等声音信号，从而做出回答。据测定，螽斯科一些属听器的最适频率为10000—17000万赫兹，蟋蟀的足听器为700—5000赫兹，但它们能够感受到的音波范围要比最适范围广得多。

名句箴言

聪明的资质、内在的干劲、勤奋的工作态度和坚忍不拔的精神，这些都是科学研究成功所需的其他条件。

——贝弗里奇

鱼类的休眠

休眠是指生物的各种活动处于相对静止的一种状态，在这个状态下生物的代谢活动明显降低。从时间上看，休眠分为两种类型，即冬眠和夏眠，但动物的日周期的生理睡眠不属于休眠。休眠在多数情况下是季节性的，有些动物在冬天借休眠躲避寒冷，有些动物在夏天借夏眠度过酷暑。季节性的气候变化既影响生物的生理活动,又影响生物的食源,因此在长期进化过程中生物各自发展不同的适应方式,借休眠以抗御不利条件。季节性的休眠常受机体的内在节律控制,外界条件的变化只起促进作用。为增加体内的能量储备,鱼类和其他高等生物一样,入眠前常常需要较长的准备阶段。

夏眠

在大部分地区,水域的条件比较稳定,绝大多数鱼类能够在水中正常生活,因而它们缺乏典型的休眠状态,但是赤道区的沼泽常有数周或数月干涸,生活在这里的鱼类必须进入夏眠来抵御酷暑。

不少迷器族鱼类如攀鲈、丝足鱼和乌鳢以及其他具有副呼吸器官的鱼类在酷暑状态下将自己埋在泥中,保持麻木过夏,降雨后,池沼和河川充满水时,它们再度恢复正常的生活。

肺鱼类为了在枯水期内避免死亡,有着更为复杂的夏眠方法。

迷器族鱼类乌鳢

非洲肺鱼泥鱼栖息的小河每年有相当长一段时间干涸,完全没有水,由于热带的太阳很厉害,酷热烤得河底的泥巴干得非常坚硬,在旱季临近之前,泥鱼就会钻入泥中,由皮肤分泌大量的黏液,这些黏液和泥混合在一起,形成一个坚硬的泥壳,鱼包在泥壳中睡眠,一直到下次降雨时才复苏。在泥壳的内部有一条小路和外界相通,肺鱼在壳内休眠时,全靠这条通路来呼吸空气。肺鱼在泥壳中,即使被人掘出来,只要不剥开泥壳,放置半年时间,肺鱼仍然安然无恙。如果把泥壳投入微温的水中,待泥溶去后,鱼在数分钟内就苏醒并活泼地游泳。南美肺鱼夏眠时也在泥中造成与非洲肺鱼相似的洞穴,不同之处是南美肺鱼与外界相通依赖于一个多孔的泥盖。

生活在多瑙河沿岸水域里的泥鳅,到了夏天河水干枯时,就钻进泥浆里不吃不喝,进入夏眠状态,只靠体内特殊的肠子来呼吸空气,维持生命。

肺鱼

在南非有一种奇特的树鱼,到了夏天,就爬到树上的阴凉处,睡上两个多月,以度过酷暑之日。

冬眠

　　温带和寒带地区的多种无脊椎动物,两栖类、爬行类和一些哺乳类动物,在冬季寒冷的外界环境条件下不再活动或心跳缓慢、体温下降和呈昏睡的状态,这种现象称为冬眠。虽然动物在冬眠期间体温与环境温度相近,但当它遇到适宜刺激或按自身节律达到觉醒期时,其体温即可在短期内上升,恢复正常体温。动物在冬眠期间,呼吸次数、心跳频率、

丁岁鱼

呼吸耗氧量均大为减少。休眠动物的生理机能的改变主要受神经中枢控制,在休眠期所有内分泌腺均停止活动,各种

代谢水平普遍降低，但至觉醒时，各器官的生理活动按一定顺序迅速恢复正常，这个过程要消耗大量能量。经过整个冬眠期后，冬眠动物的体重将明显减轻。

绝大多数鱼类没有冬眠期，当然也有一些例外。有少数鱼类为解决严寒的困难，在冬季温度快下降时开始冬眠，直至翌年春季水温再度上升时才苏醒。鱼类的休眠不像两栖类、爬行类和哺乳类动物那样完全处于无意识状态，而仅仅是中止摄食，隐藏在水藻和岩石间或钻入泥底洞穴中。例如鲤鱼常成群在水的深处越冬，它们数十尾到上百尾在水底造成一洼，围成一圈，把头互相倚靠，一直到翌年春天才分散。鱼类休眠时呼吸非常迟钝，鳃盖的动作好像是很艰难似的。

丁岁鱼埋在河泥中过冬，即使是把它们从泥中挖掘出来并放到岸上去，若不用棍棒打一下，还看不出它是活着的。乌鳢到了冬季，移居于深水处，将身体埋在淤泥中越冬，停止摄食，处于蛰居状态。鳗鲡在冬季有着与乌鳢相似的休眠，它们通常找到深水区后即埋入泥中，然后迅速使自己进入麻痹状态。海产鱼类的冬眠现象非常少，已知鲽的幼鱼生活于浅海，冬季埋在沙中，成安息状态。

杀了「现在」，也便杀了「将来」——将来是子孙的时代。

——鲁迅

名句箴言

植物生理面面观

植物的光合作用

万事万物的生长需要太阳，在生物发展的历史上，光合作用的出现是一件划时代的大事。

在20亿—30亿年以前，地球上生长的都是厌氧异养生物，生物不仅数量有限，种类也很少。光合作用出现后,绿色植物就大量繁殖起来,并提供了大量的生物界自制的有机物和氧气。人类和动物界赖以生存的能源直接、间接来自太阳光能,而将太阳光能转化为食物中的化学能的本领是绿色植物所特有的。绿色植物通过光合作用将吸收的太阳能用于同化空气中的二氧化碳和水,并进一步转化形成氧气等人类所必需的有机物质。在此基础上异养的生物开始出现,从此,生物界面貌大大改观,生物数量和种类增加,就形成了今天这个百花斗妍、千鸟争鸣的世界。太阳光是以辐射能提供能源的,以光能的光子或量子形式发射出来,那么,植物是如何利用太阳能进行光合作用呢?

科学家们对光合作用进行了 200 多年的探索,关于光合作用的最早记载从 17 世纪中叶开始。1779 年,英国著名科学家普列斯特列和荷兰的印根豪茨首先发现绿色

绿色植物

植物照光以后可以"净化空气",再经过约 100 年,德国的萨克斯才证实照光的绿色植物中有演粉笔形成。人们的研究

是值得赞赏的,但由于当时缺少正确的思路,实验手段又非常落后,所以研究工作进展缓慢。绿色植物是通过什么"机构"吸收太阳光能?这种吸收和利用光能的"机器"结构又是怎样的?二氧化碳到底怎样被固定、同化再转化为淀粉的?氧气又是怎样放出来的?那时都无法了解。直到 20 世纪,对于光合作用的研究才加快了步伐。特别是 20 世纪 40 年代以后,实验技术有了很大发展,通过各种分离、提取技术可以得到叶绿体及其色素和其他组成部分,高分辨率的显微镜尤其是电子显微镜用来观察光合器官的精细结构,这些技术的应用将研究工作推向深入。

经过精心的研究,科学家们发现植物吸收光能的部位是叶绿体,叶绿体是一个结构复杂的细胞器,它由基粒和间质两部分组成,基粒是一个由片层膜组成的囊状体,膜上存在着叶绿体色素和蛋白质。叶绿体色素和蛋白质可组成不同类型的复合体,不同类型的复合体各执行不同的机能。有的色素复合体专管吸收光能,被称"捕光色素"复合体;有的则担负起光能转移的功能,所有吸收的光能最终都集中到一个色素中心复合体,在那里进行电荷分离形成电子和质子,促使水的光解。

经过成千上万科学工作者的努力,动用了世界上最先进的科学仪器和技术,人们对光合作用已经越来越了解了,光合作用的揭示指日可待。

127

植物与真菌的依恋

植物与真菌相互依恋，它们共存共亡，这种现象在很长时间内都是个难解之谜。

在 100 多年前，一种叫水晶兰的植物引起了科学家的广泛关注。水晶兰的身上没有叶绿素，茎上不长叶子，而是覆盖着无色的小鳞片，形态上很像某些寄生植物。它不具备叶绿素，显然只能摄取现成的有机养

水晶兰

料，那么它是如何得到有机养料的呢？是像腐生植物那样完全依靠自己获取营养，还是如同寄生植物那样从树根上获取呢？

经过研究发现水晶兰不是寄生植物，它完全是从土壤里获得有机营养。水晶兰根的整个表皮覆盖着密密麻麻的某种真菌的菌丝，菌丝体比表皮本身厚 1—2 倍。小根的末梢

是在真菌鞘里,单独或成束的菌丝从四面与真菌鞘分开,这与寄生真菌有所不同,因为寄生真菌的菌丝只在根的表面,而不会侵入到根的组织中去。显然,水晶兰是由菌丝承担了供水营养的任务,在生理上取代了根毛的作用。

水晶兰种种奇妙的现象,使更多的学者开始了对兰科植物的研究。经过研究,他们发现兰花的种子异常微小,且种子外面有厚膜包着,里面几乎没有任何贮存的营养物质,而且它们在人工条件下根本不萌芽。生物学家贝尔纳在偶然的机会检查了巢兰的一个果实,看见里面有几颗已经发了芽的种子,其实严格地说,它们已不是种子,而是极小的幼苗。贝尔纳在显微镜下解剖巢兰幼芽,发现幼芽细胞里都有极细的小纤维团,这是进入到兰花种子里的某种真菌的菌丝。当时,兰花和真菌共生的现象已为人所知,但谁也没料到,长在梭状茎上的真菌菌丝能穿过茎,传到里面成熟的种子内。为此贝尔纳提出假设:真菌进入到兰花的幼芽里绝非偶然,而是兰花种子萌芽必不可少的条件。

为了证实自己的假说,贝尔纳从兰花根上取得真菌小团,并将这些真菌小团分别放在营养冻胶上进行培养,形成类似霉菌的东西。与此同时,他在严格的消毒条件下对兰花种子进行人工培养,但兰花种子没有发芽,后来他往培养基中加了一小块"霉菌",结果很有效,当真菌菌丝一进入种子里,种子便开始萌发,几个月后长出了正常的兰花。这样他第一次证明了兰花种子萌芽时一定要有共生真菌才行。

那么，除了兰花以外，真菌对别的植物是否也具有必不可少的作用？或者，由于它的介入会不会使某些重要的经济作物丰产高产呢？法国另一位学者康斯坦丁做了一个有趣的实验，他在法国阿尔卑斯山 1400 米

马铃薯

高的山坡地同时种了（用种子而不是块根）两组马铃薯来了解真菌对马铃薯有些什么样的影响，这两组马铃薯中一组是未施过肥但有各种真菌的处女牧地，另一组是没有真菌的普通土壤地。结果第一组的马铃薯受重叠真菌的严重感染，高质量的块根大丰收，而第二组的马铃薯却连一个块根都没结，显然，用种子栽种的马铃薯离不开共生真菌。

今天，真菌与植物相互依恋的面纱正在一层层被揭开，但是科学探索永无止境，自然界仍有许多难以解释的谜团等待科学家们去探索。

花儿为什么这样红

人们经常说红花绿叶,为什么花儿多数是红的呢？从科学上讲又有些什么原理呢？要回答这个问题还得从生物学的角度入手。

万紫千红,大红大紫,花青素在不同的酸碱反应中所显示出来的颜色造成了花儿的多姿多彩。花和叶的细胞液里都含有花青素,这些花青素是由葡萄糖转化过来的,当花青素是酸性的时候,植物呈现红色,酸性愈强,植物的颜色愈红;当花青素是碱性的时候,植物呈现蓝色,碱性较强,植物就可能呈现蓝黑色,如墨菊、黑牡丹等;当花青素是中性的时候,植物则呈现紫色。

当然,花儿不仅仅有红、蓝和紫三种颜色。有些花儿就是黄的,如"战地黄花分外香"的菊花、"金英翠萼带春寒"的迎春花就呈现黄色。菊科植物除了黄花以外,还有很多开橙色的花。橙色与柑橘、南瓜等果实的颜色相似,而最典型的是胡萝卜,所以表现这种色彩的色素,就被称为胡萝卜素。至于有些花儿呈现白色,那是因为细胞液里不含色素的缘故。在植物界,还有些花儿会变色,例如菊花,萎谢之前微染红色,表示它这时也含有少量的花青素了。变色的一个特殊例子是添色木芙蓉,早晨初开白色,中午淡红,下午深红,一日三变,愈开愈美丽。又如八仙花,初开白色微绿,经过几天,变成淡红或带微蓝,它不像添色木芙蓉那样朝开暮落。至于一般的花,大都初开时浓艳,后渐淡褪。

此外,花儿的颜色还可以用物理学原理来解释。太阳光经过三棱镜折射,会分成红、橙、黄、绿、青、蓝、紫七种颜色。这七种颜色的光波长短不同,紫光波最短。酸性的花

花

青素会把红色的长光波反射出来,送入我们的眼帘,我们便感觉到是鲜艳的红花。同样,中性的花青素反射紫色的光波,碱性的花青素反射蓝色的光波,胡萝卜素有不同的成分,便分别反射黄色光波或橙色光波。白花不含色素,但组织里面含有空气,因此会把光波全部反射出来。有的花瓣,表面有较多的细微而排列整齐的玻璃球似的突起,看起来好像丝绒,能够像金刚石那样强烈地反射光线,这样的花色彩就更为鲜艳,如有些月季花就是这样。

花儿呈现什么颜色还有生理上的需要。光波长短不同,所含热量也不同:红、橙、黄光波长,含热量多;蓝、紫光波短,

含热量少。花的组织,尤其是花瓣,一般都比较娇嫩。在一般情况下,红、橙、黄花都生长在光照好的地方,反射含热量多的长光波,才不致引起灼伤,有保护植物体自身的作用。蓝花都生长在树林下、草丛间,反射短光波,吸收微弱的含热量多的长光波,这将有利于它的生长。白花也多阴性植物,有些夜间开放,反射了全部的光波,是另一种适应措施。自然界少有黑色的花,只有少数的花偶然有黑色的斑点,这是因为黑色吸收全部的光波,会造成热量过多,容易让自身受到伤害。

从进化的观点来看,花的颜色有一个自然选择的过程。裸子植物的花是最原始的状态,它们的花都呈绿色,而花药和花粉则呈黄色。在光谱里面,与绿色邻接的,长波一端是黄、橙和红,短波一端是青、蓝和紫,所以可以说,绿色是花色的起点,向长波一端发展,逐渐表现为黄、橙,最后出现红色;向短波一端发展,则出现青、蓝和紫。红色应是最晚出现的花色,在进化过程中居于顶峰,它最鲜艳,最耀眼。

在这个花色的自然选择的过程中,昆虫起到了至关重要的作用。亿万年前,裸子植物在地球上出现的时候,昆虫还不多。那时花色素淡,传粉受精全部依靠风力,这就是风媒花。后来出现了被子植物,昆虫也繁衍起来。被子植物的花有了花瓣,这时花瓣不再是绿色,而是比较显眼的黄色、白色或其他颜色,形状也大了,有的生有蜜腺,分泌蜜汁,有的散发芳香,因为这样更易引来了昆虫,"蜂争粉蕊蝶分香",昆虫给花完成传粉受精的作用。

昆虫进行采蜜传粉时,有一个特殊的习性,就是经常只采访同一种植物的花朵。这个习性有利于保证同一种植物间的异花传粉,繁殖后代,同时也可以固定种的特征,包括花的颜色。因此在若干世纪以前,自然界有一种植物,花色微红,由于其中红色比较显著的花朵容易受到昆虫的注意,获得传粉的机会较多,经过无数代的选择,在悠长的岁月中,昆虫就给这种植物创造出纯正、显著、鲜艳的红色花朵。昆虫参与自然选择,制造了各种不同的植物,也为百花园增加了一道亮丽的风景。

最后,是人工选择制造了红艳的花儿。自然选择进程是缓慢的,需要经过漫长的历程才能显示它的威力。人工选择大大加快了物种变化的进程,能够在很短的时间内取

牡丹

得显著的成果。例如牡丹,由自然选择经过了亿万年造成的野生原种,花是单瓣的,花色也只有粉红的一种。经过人工

栽培,仅就北宋中叶那一个时期来说吧,几十年工夫,就创造出多叶、千叶、楼子、并蒂等深红、肉红、紫色、墨紫、黄色、白色几十个品种。再如大丽花,原产墨西哥,只有 8 个红色花瓣,自从美洲发现大丽花,并开始人工培植大丽花以后,现在大丽花已有上千种形状、颜色不同的品种。又如虞美人,经过培养,已有红、黄、橙、白各种颜色,却从来没有出现过蓝色。19 世纪末,美国的著名园艺育种家蒲班克发现一株花瓣上好似有一层烟雾的虞美人,特意培养,到 20 世纪初,便育成了各种深浅不同的蓝色虞美人,为花卉园艺增添了新的品种。

植物全息现象解疑

1948 年,物理学家弋柏和罗杰斯发明了光学全息术并提出了"全息"这一概念。那么全息到底指的是什么呢?从物理学角度来理解全息是很简单的,例如将一根磁棒折成几段,每个棒段的南北极特性依然不变,每个小段与它原来的整根棒全息。所谓"植物全息",就是植物每个相对独立的部分,在化学组成模式上与整体相同,是整体的成比例的缩小。

在大自然中,植物的全息现象已从形态、生物化学和遗传学等多方面找到了论证的实例。

首先,植物形态上存在全息现象。仔细观察一下棕榈树的叶子的外形,你会发现,它与整棵树的外形完全一致,只是比例的大小不同而已。一个梨的外形与整棵果树的外形吻合。行叶脉的植物,它们都是从茎的基部或下部分枝,主茎基本无分枝;相反,叶脉为网状的植物,它们的分枝多呈网状。

在植物的生物化学组成上,也有明显的全息现象。例如,高粱叶上的氰酸分布形式与整个植株的分布形式相同。在整个植株上,上部的叶含氰酸较多,下部的叶含氰酸较少;在一张叶上,也是上部含量较多,下部含量较少。

梨

有趣的是,当进行植物离体培养时,也可以发现了植物的全息现象。如将百合的鳞片经消毒用来离体培养,在鳞片基部较易诱导产生小鳞茎,即使把鳞片从上到下切成数段,同样小鳞茎的发生都是在每个离植段基部首先产生,且每段鳞片上诱导产生小鳞茎的数量,遵循由上至下逐渐增加的规律。这种诱导产生小鳞茎的特性与整株生芽特性相一致,呈全息对应的关系。在植物组织培养过程中,以大蒜的蒜瓣、矩叶菊、花叶芋和彩叶草等多种植物叶片为外植体,进行同样的试验观察时,都能见到这种全息现象。

现在,植物的全息规律已经广泛地运用在了农业生产上。长期以来,马铃薯的栽种习惯以块茎上的芽眼切下作为"种子",但人们并没有考虑到块茎上芽眼之间的遗传差异,只是习惯使然。根据植物全息的原理证明,这些芽眼之间必定会有特性的区别。马铃薯在全株的下部结块茎,对于全息对应的块茎来说,它的下部芽眼结块茎的特性也一定较强。于是,为了证实上述的想法,科学家做了系统的试验。分别以"蛇皮粉""跃进"等5个马铃薯品种的块茎为材料,将它们的芽眼切成远基端芽眼和近基端芽眼两组,进行种植比较试验。实验结果,以远基端芽切块制种生产时,各个品种的产量均得到了增加,平均增产达 19.2%。

农业上的全息现象给人们制造了财富,也给了人们很大的启示。既然马铃薯按照全息规律种植可以增产,那么小麦、水稻……它们的留种应该采用什么部位制种呢?这些有趣而具生产实践意义的全息课题,目前不少人正在试验观察中。不过,人们在长期的生产实践中,已经摸索出了一些生物全息规律,只不过未形成系统而已。例如,我国不少地区种植玉米的农民在留种时,习惯把玉米棒中间或偏下的籽粒留下作为种子,而把两端的籽粒去除,以此来确保玉米的丰收,这种玉米籽粒的留种方法就符合生物全息规律。因为玉米棒子是在植株的中间或偏下部分着生的,而作为植株对应全息的玉米棒,其中间或偏下着生的籽粒,在遗传上也一定有较强的优势。经试验,用这种方法制种,可以增产35.47%。

玉米

全息生物学观点的提出,虽然只有短短的几年,但已引起不少人的强烈兴趣,国内已先后4次召开全国性的学术会议,交流了各方面的研究信息,国外的有关学者对"全息生物学"的提出也给予极高的评价。目前,植物全息规律还等着人们去进一步挖掘,相信植物全息规律会给人们创造出一个美好的明天。

植物吃人事件趣谈

植物吃人的报道屡见不鲜,有的说在南美洲亚马孙河流域的原始森林中有吃人植物,也有的说在印度尼西亚的爪哇岛上有植物吃人。虽然这些报道对各种不同的吃人植物的形态、习性和地点方面做了详细的描述,但在所有的报道中,谁也没有拿出关于吃人植物的直接证据,即照片或标本,也没有确切地指出这种植物是哪一个科或哪一个属的。因此,许多植物学家对吃人植物是否存在的问题仍然表示怀疑。

吃人植物的最早报道来自于 19 世纪后半叶,有一位名叫卡尔·李奇的德国人在探险归来后说:"我在非洲的马达加斯加岛上,亲眼见到过一种能够吃人的树木,当地居民把它奉为神树,曾经有一位土著妇女因为违反了部族的戒律,被驱赶着爬上神树,结果树上 8 片带有硬刺的叶子把她紧紧包裹起来,几天后,树叶重新打开时只剩下一堆白骨。"于是,世界上存在吃人植物的消息便从此传开了。

这些没有任何事实依据的报道弄得人心惶惶,更使植物学家们困惑不已。为了证明吃人植物的存在与否,1971 年,南美洲科学家组织了一支探险队,专程赴马达加斯加岛考察。他们在传闻有吃人树的地区进行了广泛的搜索,结果并没有发现这种可怕的植物,他们在那儿只是见到了许多能吃昆虫的猪笼草和一些蜇毛能刺痛人的荨麻类植物。这次考察的结果使学者们更增添了对吃人植物存在的真实性的怀疑。

1979 年,英国一位研究食肉植物的权威——艾得里安·斯莱克在他刚刚出版的专著《食肉植物》中说：到目前为止，在学术界尚未发现有关吃人植物的正式记载和报道，就连著名的植物学巨著、德国人恩格勒主编的《植物自然分科志》以及世界性的《有花植物与蕨类植物辞典》中，也没有任何关于吃人树的描写。除此以外，英国著名生物学家华·莱士，在他走遍南洋群岛后所撰写的名著《马来群岛游记》中，记述了许多罕见的南洋热带植物，但也未曾提到过有吃人植物。因而绝大多数植物学家认同这样一种观点，世界上不存在吃人植物。

连植物学家们都没有找到有利的线索，那怎么会出现吃

猪笼草

人植物的说法呢？艾得里安·斯莱克和其他一些学者认为，吃人植物最大的可能是有人根据食肉植物捕捉昆虫的特性，经过想象和夸张而产生的；当然也可能是根据某些未经核实的传说而误传的。根据现存资料显示，地球上确确实实存在着一类行为独特的食肉植物，它们分布在世界各国，共有500多种，其中最著名的有瓶子草、猪笼草和捕捉水下昆虫的狸藻等。

　　艾得里安·斯莱克在他的专著《食肉植物》中指出,这些食肉植物的叶子非常奇特,有的像瓶子,有的像小口袋或蚌壳,也有的叶子上长满腺毛,能分泌出各种酶来消化虫子体,它们通常捕食蚊蝇类的小虫子,但有时也能"吃"掉像蜻蜓一样的大昆虫。这些食肉植物大多数生长在经常被雨水冲洗和缺少矿物质的地带,由于这些地区的土壤呈酸性,缺乏氮素营养,因此植物根部的吸收作用不大,为了满足生存的需要,它们经历了漫长的演化过程,变成了一类能吃动物的植物。但是,艾得里安·斯莱克强调说,在迄今所知道的食肉植物中,还没有发现哪一种植物如同某些作品描述的那样:生有许多长长的枝条,行人如果不小心碰到这些枝条,枝条就会紧紧地缠绕行人,这时枝条上分泌出一种极黏的消化液,牢牢地把人粘住勒死,直到将人体中的营养吸收完为止。

原始森林

　　吃人植物是否存在呢？现在任何人还不能下肯定的结论。有些学者们认为，在目前已发现的食肉植物中，捕食的对象仅仅是小小的昆虫而已，它们分泌出的消化液，对小虫子来说恐怕是汪洋大海，但对于人或较大的动物来说，简直微不足道，因此，很难使人相信地球上存在吃人植物的说法。但也有一些学者认为，虽然眼下还没有足够证据说明吃人植物的存在，可是不应该武断地加以彻底否定，因为科学家的足迹还没有踏遍全世界的每一个角落，也许，在某个沉寂的原始森林中，人类会有意想不到的发现。

无脊椎动物是动物界的重要组成部分,昆虫生理学的研究极其重要。在脊椎动物中,鱼类、两栖类、鸟类和哺乳类动物的生理学研究也同样具有非凡的意义。在发育生理学方面,哺乳动物的个体发育各阶段的生理特征的研究,除具有自身的价值外,对于理解人体发育进程中的生理变化也很有意义。

科学在不断发展,学科之间的界限已经越来越模糊。随着学科的相互渗透,生理学又分化出生物化学和生物物理学。由于近代生理学一开始就运用化学的和物理学的理论和技术进行研究,因而在生理学与生物化学和生物物理学之间要做出截然的划分是不可能的。

近代生理学不仅描述生命活动的表面现象,更要在整体观点下运用实验的方法探讨机体各部分的功能及其内在的联系。

生理学的实验可分为几个层次,也就是从不同的水平进行生理学的实验研究,这几个层次即:器官系统水平、细胞组织水平和亚细胞及分子水平。

迄今为止,大量的生理学研究集中于机体的器官系统水平,因为这在医学应用和生产实践上是最急需的基础知识。例如,血液循环生理包括血液运行和心脏、血管的功能;呼吸生理包括呼吸道和肺的功能以及气体在血液中的运输;消化生理包括消化管运动和消化液的分泌以及食物的消化和养料的吸收过程;排泄生理主要讨论肾脏的泌尿过程和输尿管、膀胱的排尿过程;内分泌生理讨论各种内分泌腺的功能;神经系统是机体各部分功能的调节机构,它一方面接受由各种感受器或感觉器官传来的信号而加以整合,另一方面对各种器官系统的活动进行调节和控制,从而使机体对体内外环境的变化做出有规律的反应。

关于细胞组织水平的研究,乃是探索各种组织细胞的生理特性和活动特征,如神经组织、肌肉组织、上皮组织和结缔组织的生理及其相互关系。这一水平的研究在生理学研究的历史上很早就受到了重视,研究成果为理解各器官系统的活动机制提供必需的基础知识。

关于亚细胞及分子水平的研究是近期才发展起来的。如关于细胞膜的物质转运的机制,神经和肌内细胞膜的电位变化及其与离子通透性改变的关系,各种肌肉的超微结构的功能及其与兴奋——收缩耦联的关系,各种激素的生物合成过程及其分泌和作用机制,中枢神经细胞的递质和神经激素的研究等。

以上三个层次的研究都属于分析性生理学的范围,这种分析性实验的结果对于近代生理学的发展起了重大作用。

在分析性研究发展的同时,生理学家还重视综合性生理学的研究,那就是探讨人类或动物如何适应环境的变化。生理学家对人和动物在各种自然环境中或人工模拟的环境中整体或某一部分的生理活动如何通过自身内部的调节,从而使机体与环境变化相适应进行研究。例如,19世纪的生理学家就已注意到人体和动物在安静情况下的能量代谢以及不同强度的运动或劳动和不同的营养物质对能量代谢的影响。又如高空、潜水对呼吸和心血管活动造成的影响,也是早期生理学家关注的焦点。

现代社会的工业和航天事业高度发展,高温、低温、航天失重时的生理变化的研究已经变得迫不及待了。此外,生理学家还将动物处于自然条件下,研究动物机体在健康、清醒的情况下各种消化液分泌的调节机制以及大脑活动的变化等。实验技术和生理测试手段在不断创新,生理学家将有可能在人体或动物不受创伤的条件下研究各种生理活动的变化规律。所有这些综合性或整体生理学的研究对于检验分析性生理研究的结果和解决人体生理学在实际应用中的问题,显得特别有意义,而分析性生理研究越深入细致,对于综合性生理研究结果的认识也越深刻全面。

现在,研究人体正常生命活动是主流,在这个主流上还应研究人体的异常生命活动的规律。这样生理学领域又派生出一个新的学科,即病理生理学。病理生理学的诞生为人类疾病的产生、发展和防治提供了理论依据。